Leinenstickerei

Alte Handarbeiten –
neu entdeckt

Leinenstickerei

von Hedwig Diers

3., überarbeitete Auflage

Landwirtschaftsverlag GmbH
Münster-Hiltrup

3. überarbeitete Auflage 1992

Fotos: Zeidler, Wiedenbrück
Gesamtherstellung:
Druckerei des Landwirtschaftsverlages GmbH,
Münster-Hiltrup, Dezember 1991
ISBN 3-7843-2509-2

Inhalt

1890 wurde dieses feine Stickmustertuch aus feinstem Leinen mit dünnem Baumwollgarn bestickt. Tücher dieser Art konnte man Vorgezeichnet kaufen und daran im Handarbeitsunterricht die verschiedenen Sticktechniken erlernen.

Leinenstickerei, ein wiederentdecktes Hobby

Handarbeiten erleben in der heutigen Zeit eine große Renaissance, und zwar in allen Gesellschafts- und Altersschichten. Gerade bei vielen jungen Menschen stellen wir ein wachsendes Interesse an schönen Handarbeiten fest. Sie haben das Bedürfnis, bei dem heutigen Überangebot an maschinell hergestellten Textilien wieder selbst schöpferisch tätig zu werden. So möchte man z.B. die handwerkliche Tätigkeit des Stickens mit persönlicher Kreativität verbinden, indem man Muster selbst entwirft oder abändert. Dem häuslichen Bereich gibt man mit den selbst angefertigten Handarbeiten eine persönliche Note.

Es lohnt sich, an die alten gestalterischen Handarbeitstechniken zu erinnern – allein schon deshalb, um an die Vorstellungen unserer Vorfahren anzuknüpfen. Wir sollten aber auch mit eigenen Ideen und eigenem Geschmack darangehen, Leinenstickerei für unsere Zeit zu gestalten. Auf diese Weise kann sie uns Freude an künstlerischer Handfertigkeit vermitteln, gibt uns Selbstbestätigung, und wir lernen dabei, überliefertes altes Volkstum besser zu schätzen.

Haben Sie Mut zu eigenen Entwürfen, zu denen Ihnen dieses Buch eine Fülle an Anregungen gibt. Die wichtigsten Stickstiche sind einprägsam dargestellt, damit Sie sie leicht nacharbeiten können. Die vielen Farbfotos mit den schönsten Stickereien werden Ihre Phantasie anregen und Sie für die Leinenstickerei begeistern.

Dank und Anerkennung gebührt den Landfrauen, die mich zu diesem Buch angeregt und bei der Arbeit unterstützt haben:

Maria Kock, Billerbeck, die mir ihre selten schönen Lampen zur Verfügung stellte,
Anni Hoberg, Hildesheim, für die reich bestickten Tischdecken,
Christel Bunne, Sünninghausen, für die bestickten Blusen,
den Liesborner Landfrauen für gute Ratschläge und tatkräftige Unterstützung.

Hedwig Diers

Geschichtliche Entwicklung der Stickerei

Schon in den ältesten Kulturen gab es Stickereien. Sie wurden beispielsweise von altersher bei den Chinesen gepflegt, und auch den Indern und Ägyptern waren sie bekannt. Die Assyrer waren die ersten, die Tier- und Menschengestalten auf ihren glatt anliegenden Kleidern und Vorhängen zur Darstellung brachten. Von ihnen lernten die Griechen der Antike und von diesen die Römer.

In Deutschland setzte die Stickerei im Mittelalter auf sakralen Textilien ein und wurde vom 11. Jahrhundert an nur von arabischen Werkstätten übertroffen.

Kostbare Beispiele dieser Zeit sind die Bamberger Mäntel Kaiser Heinrichs II., seiner Gemahlin Kunigunde und ihres Bruders König Stephan von Ungarn. Sie legen noch heute Zeugnis ab von der Pracht dieser Handarbeiten.

Im Mittelalter wurden kostbare Stickereien hauptsächlich in Frauenklöstern, Burggemächern und bei Hofe angefertigt. Solche Arbeiten waren damals ein Privileg der Nonnen und adeliger Damen.

Die Motive waren meistens naturalistisch, die Entwürfe wurden von Künstlern angefertigt. Danach arbeiteten die Stickerinnen mit hohem technischem Können. Es entstanden prunkvolle Gegenstände, die mit edelsten Materialien wie Seide, Silber- und Goldfäden bestickt wurden.

Die Nadelmalerei, eine besonders feine Art des Plattstiches, sowie die Anlegetechnik, bei der die Silber- und Goldfäden mittels des Klosterstiches auf dem Stickgrund befestigt wurden, waren die bevorzugten Techniken des Mittelalters.

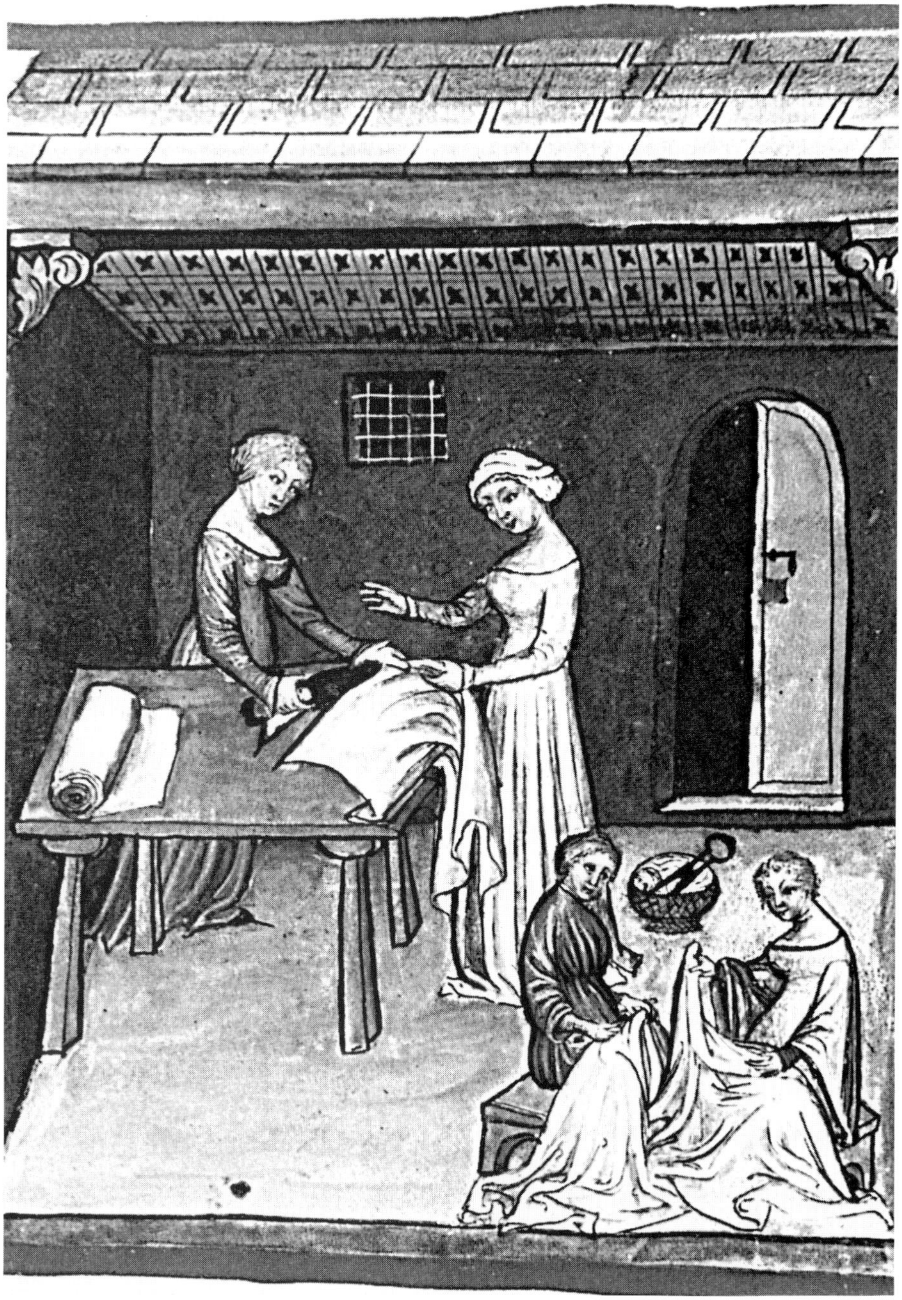

Beim Herrichten und Zuschneiden von Leinen
Tacuinum Sanitatis, MS. s.n. 2644, f. 105v
Italienisch, um 1385
Österreichische Nationalbibliothek, Wien

Der allmähliche Wandel in der mittelalterlichen Stickerei kam mit der Reformation. Diese hob den Bedarf an prunkvoll gestickten Arbeiten weitgehend auf – insbesondere im evangelischen Gottesdienst, der sich durch schlichte liturgische Kleidung von der katholischen Messe unterscheiden wollte. Während dieser Zeit verlagerte sich die Stickerei in bürgerliche Bereiche. Aus Hochkunst wurde Volkskunst. Sie hatte vom 16. bis zu Beginn des 19. Jahrhunderts ihre lange Blütezeit.

An die Stelle naturalistischer Motive trat die Beschränkung auf charakteristische Wesenszüge, oftmals mit symbolischer und mythischer Bedeutung. Fremde Vorlagen und eigene Entwürfe wurden nun umgesetzt und mit einfachen Materialien ausgeführt, nicht mehr mit Gold- und Silberfäden und nicht mehr in Seide. Der Kreuzstich wurde neben dem Plattstich die am häufigsten verwendete Sticktechnik in der Volkskunst.

Gegen Anfang des 19. Jahrhunderts erfuhr die Stickerei einen erneuten Wandel. Vereinfachte Wesenszüge, wie sie die Volkskunst liebte, wurden in der Romantik wieder von naturalistischen Motiven abgelöst. Diese Entwicklung entsprach den Verhältnissen der Biedermeierzeit. In dieser Epoche hat vor allem der Rückzug in das Privatleben dem häuslichen Bereich seinen Stempel aufgedrückt.

Die Frauen des gehobenen Bürgertums, denen eine berufliche Tätigkeit verwehrt war, blieb neben den Pflichten als Hausfrau besonders die Anfertigung von Handarbeiten vorbehalten. Diese galten als standesgemäße Beschäftigung im Familienkreis und bei gesellschaftlichen Anlässen.

Anfang des 19. Jahrhunderts kamen dann Stickereien in Mode, die nach farbigen Vorlagen hergestellt wurden. Verwendet wurden sie vor allem für Klingelzüge, Möbelbezüge, Bilder und Ofenschirme. Später fanden diese Dinge Platz in den überladenen Salons der Gründerjahre.

Danach entwickelte sich in der Geschichte der Stickerei kein bedeutender Stil mehr, obwohl Handarbeiten im Hausfrauenleben stets ihre Bedeutung behielten. Sie wurden jedoch immer mehr geprägt durch Mechanisieren und Aussticken käuflicher Vordrucke. Dadurch ging das Schöpferische beim Sticken langsam, aber sicher verloren.

Durch die Erfindung der Stickmaschine im Jahr 1828 wurde die Handstickerei zum Teil durch die Maschinenstickerei verdrängt. Oftmals fehlten auch wegen der Armut und der Mitarbeit der Frauen die Mittel beziehungsweise die Zeit zum Sticken.

Leinen, ein kostbares Geschenk der Natur

Ebenso wie Handarbeiten im allgemeinen und Sticken im besonderen ist auch edles Leinen, das aus den Fasern der blau blühenden Flachspflanze gewonnen wird, heute wieder heiß begehrt und sehr geschätzt. Das hat mit der wachsenden Vorliebe für Naturfasern zu tun. Typisch ist bei Stoffen aus Leinen der unnachahmliche elegante matte Glanz, der auch nach längerem Gebrauch nicht verlorengeht und der besonders bei Tischwäsche voll zur Geltung kommt. Kenner schätzen bei handgewebtem Leinen die noppenförmigen Fadenverdickungen. Sie verleihen diesem Stoff die lebendige Ausdruckskraft.

Leinen gibt es von grob- bis feinfädig in erster Qualität und in verschiedenen Breiten zu kaufen. Vom persönlichen Geschmack und vom Verwendungszweck hängt es ab, ob Sie sich für feines Batist- oder derberes Hausmacherleinen entscheiden.

Die seit Jahrtausenden gebräuchliche typische Webart für Leinen wird heute oft imitiert, um den Anschein echten Leinens zu erwecken. Damit Sie wirklich echtes Leinen kaufen, sollten Sie dabei auf das internationale Leinen-Siegel der westeuropäischen Leinenindustrie achten. (s. Abb.)

Das ist das neue internationale Leinen-Siegel der westeuropäischen Leinen-Industrie. Es bürgt mit der Bezeichnung „Reinleinen" oder „Halbleinen" für die Güte des Materials bei jedem damit ausgezeichneten Artikel.

Gestalten von Mustern

Der besondere Reiz der in diesem Buch vorgestellten Stickereien liegt in der Verbindung des schönen Leinenstoffes mit einfarbigem Stickgarn und verschiedenen Stickstichen.

Es kommt bei der einzelnen Arbeit nicht darauf an, möglichst viele Sticharten zu verwenden, sondern auf deren Auswahl im Hinblick auf das Motiv. Oft gilt hier der Satz: Weniger ist mehr! Auf den abgebildeten Musterzeichnungen finden Sie Vorschläge für einzelne Sticharten. Die danebenstehenden Zahlen geben die optimale Stärke des Stickgarns an.

Nach einiger Stickerfahrung sollten Sie beides selbst zusammenstellen. Viel Freude macht es, eigene Muster zu entwerfen. Dabei können Sie sich von alten Stickereien anregen lassen. In der eventuell noch vorhandenen Aussteuerwäsche Ihrer (Ur-)Großmütter finden Sie viele gute Anregungen. Studieren Sie das raffinierte Zusammenspiel von Garnen, Stoffen und Sticktechniken der alten Schätze.

Sobald Sie anfangen, Ihre Umgebung mit dem aufmerksamen Auge einer Stickerin zu betrachten, werden Sie erstaunlich viele Motive für die Stickerei entdecken (z.B. auf bemaltem Porzellan, auf bedruckten Stoffen und Tapeten). Passende Musterteile können Sie auch miteinander kombinieren. So geben Sie Ihrer Handarbeit eine ganz persönliche, unverwechselbare Note. Kein Stück ist dem anderen völlig gleich. Sondern jedes Teil ist ein Unikat.

Tischläufer mit feiner Weißstickerei, angefertigt um 1910.

Praktische Tips für eine fachgerechte Handarbeit

1. Bevor Sie darangehen, das ausgesuchte Muster auf das Leinen zu übertragen, wird der Stoff fadengerade zugeschnitten. Damit die Schnittkanten nicht ausfransen, sichern Sie diese mit einer schmalen Zickzacknaht.

2. Bei Decken und Läufern ordnen Sie die Muster am besten von der Mitte aus an. Dazu falten Sie den Stoff bei quadratischen Decken kreuzweise einmal quer und einmal längs und zusätzlich noch diagonal (Zeichnung 1). Bei einer quadratischen Decke können Sie z.B. die Mitte Ihres Musters auf die Diagonallinie legen, wobei ein gleichmäßiger Abstand von der Mitte aus zu beachten ist.

3. Wollen Sie eine runde Decke anfertigen, so nehmen Sie als Maß den Durchmesser des Tisches und geben für den Überhang an jeder Seite 25 cm zu. Falten Sie nun den Stoff einmal längs und einmal quer und markieren Sie die Mitte. Von dieser ziehen Sie mit dem Radius einen Kreis und können so den Stoff entsprechend abschneiden (Zeichnung 2).

Zeichnung 1

Zuschnitt für eine quadratische Decke

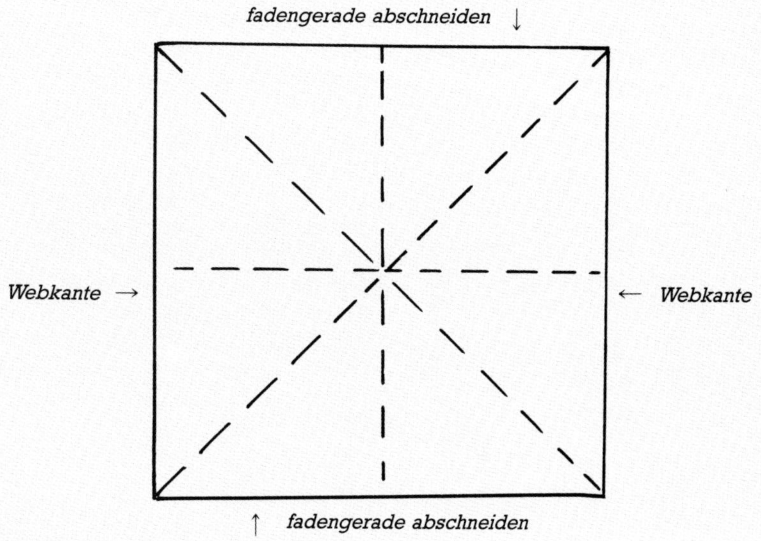

Zeichnung 2

Zuschnitt für eine runde Decke

so

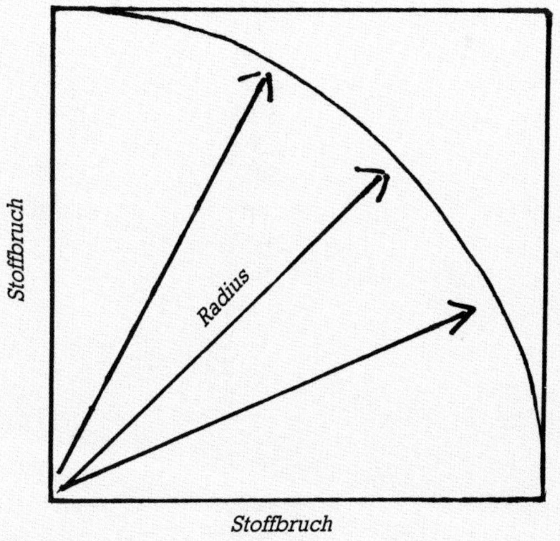

Hilfszirkel für eine runde Decke

An einem Ende einer nicht dehnbaren Schnur eine kleine Schlinge bilden und diese in der Mitte mit einer Nadel befestigen. Am anderen Schnurende ebenfalls eine Schlinge bilden und beachten, daß die Schnur mit Schlingen der Hälfte des Durchmessers entsprechen muß. In die äußere Schlinge der straffgezogenen Schnur einen spitzen Bleistift stecken und den Kreis gleichmäßig aufzeichnen.

oder so

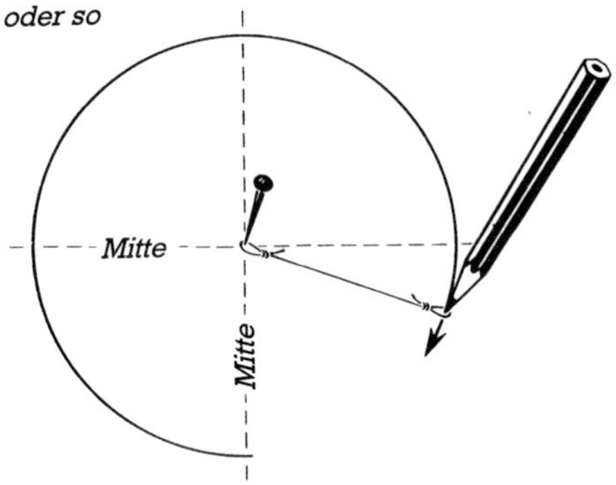

4. Hat das Muster, das Sie für Ihre Handarbeit verwenden wollen, nicht die richtige Größe, so können Sie diese heute mittels eines Kopiergerätes beliebig verändern. Jedes Muster läßt sich damit leicht vergrößern oder verkleinern (Zeichnung 3).

Zeichnung 3

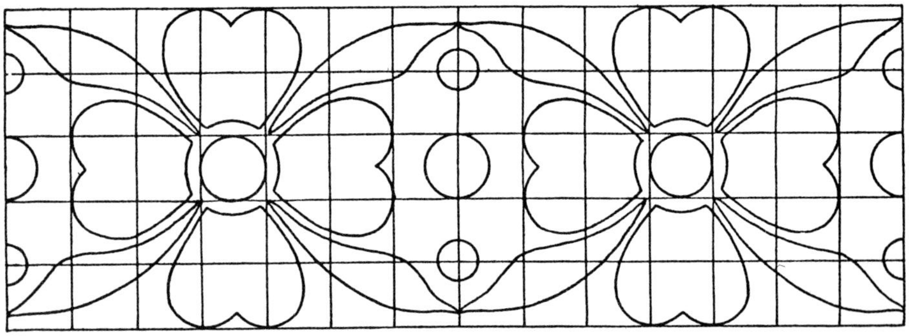

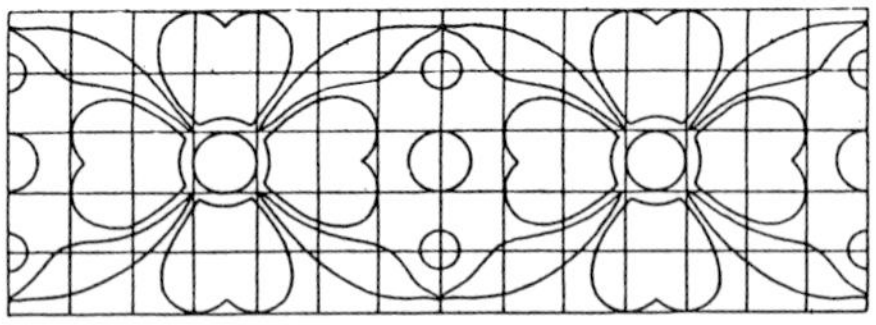

5. Um die richtige Kombination von Nadeln, Faden und Grundstoff zu erhalten, sollten Sie vor Beginn Ihrer Stickerei einige Musterproben anfertigen. Dabei können Sie gleichzeitig die Größe Ihrer einzelnen Schmuckelemente kritisch prüfen, damit die ganze Stickerei harmonisch wirkt. Nur so sind Sie vor späteren Enttäuschungen sicher.

6. Aus handgewebten Leinen-Handtüchern können Sie wertvolle Tischdekken in jeder gewünschten Größe herstellen. Dazu nähen Sie je nach Größe des Tisches 4 oder 6 Handtücher mit der Nähmaschine zusammen und verdecken die Nähte mit einem Zierstich. Vergessen Sie nicht, für den Überhang an jeder Seite 25 cm Stoff zuzugeben.

7. Normalerweise reicht altes Bauernleinen für normale Tischbreiten nicht aus. Sie können entweder in der Mitte zwei Stoffbahnen zusammennähen oder aber eine Bahn in die Mitte des Tisches nehmen und rechts und links je eine Stoffbahn ansetzen. Für das Zusammenfügen ist bei handgewebtem Leinen eine saubere Handnaht zu empfehlen. Sie können die Bahnen auch durch gehäkelte oder geklöppelte Durchsätze zusammenfügen.

Übertragen der Muster auf den Stoff

Wir stellen Ihnen zwei verschiedene Techniken vor, mit denen Sie die Motive schnell und einfach auf das Leinen übertragen können. Dabei bleibt es Ihnen überlassen, welchem Verfahren Sie den Vorzug geben.

2. Das Übertragen des Musters mit Hilfe eines Bügelstiftes

Eine neue und beliebte Technik, um eigene Motive unterschiedlicher Größe auf den Stoff zu bringen,ist die Benutzung eines Bügelstiftes. Bügelstifte erhalten Sie in Handarbeits-Fachgeschäften. Damit die Motive nicht spiegelverkehrt auf dem Stoff erscheinen, zeichnet man die Konturen der Rückseite des Musters auf das Transparentpapier. Diese Seite müssen Sie zum Aufbügeln auf das glatte Leinen legen. Nun bewegen Sie das Bügeleisen (Temperatur Baumwolle) vorsichtig hin und her und achten darauf, daß das Übertragungspapier nicht verrutscht. Dasselbe Motiv können Sie zwei- bis dreimal zum Aufbügeln verwenden. Danach werden die Linien aus dem Stoff zu schwach sichtbar. Sie müssen die Konturen dann erneut mit dem Bügelstift auf dem Papier nachzeichnen. Danach können Sie weiter aufbügeln.

1. Das Aufzeichnen mit Hilfe von Kopierpapier

Sie benutzen am besten Schneiderkopierpapier, das es in verschiedenen Farben zu kaufen gibt. Man legt das Kopierpapier mit der beschichteten Seite auf den Stoff, die auf Transparent- oder Seidenpapier übertragene Musterzeichnung obendrauf und zeichnet mit einem harten, nicht zu spitzen Bleistift das Muster nach. Bevor Sie mit dem Sticken beginnen, schauen Sie sich die Sticherklärungen mit dem dazugehörenden Test genau an.

Bei fortlaufenden und symmetrischen Mustern zeichnen Sie das vollständige Muster erst auf das Papier. So können Sie gleichzeitig prüfen, ob die Ansatzstellen genau passen, und Sie verhindern ein Verschieben des Musters während des Aufzeichnens. Wollen Sie Ihre Zeichnung mehrmals benutzen, können Sie beim Zeichnen als Schutz eine dünne Klarsichtfolie über das Transparent- oder Seidenpapier legen. Das verhindert ein Zerreißen des Papiers.

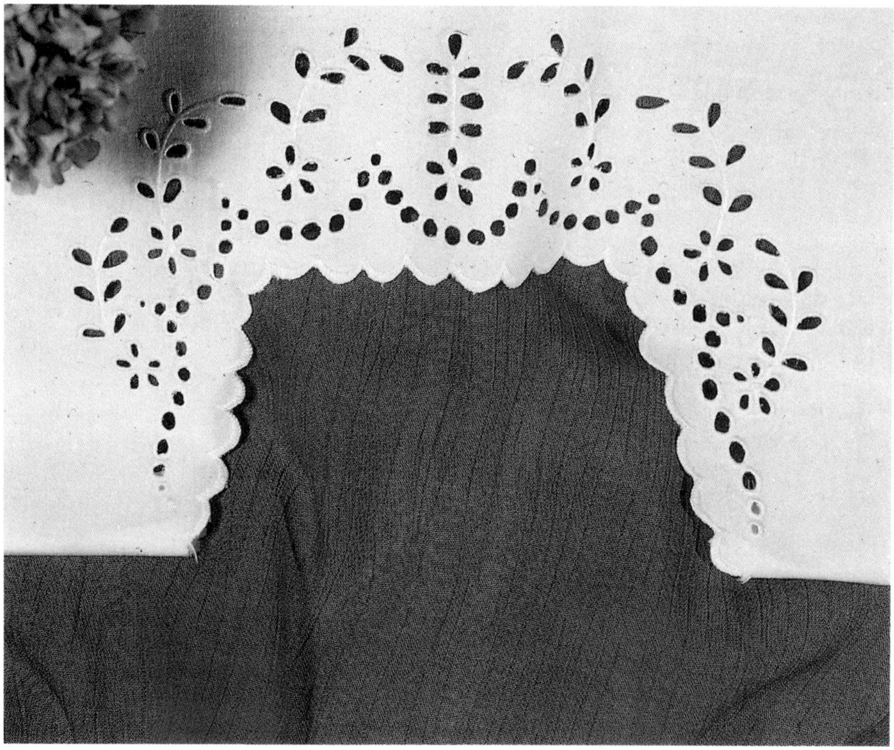

Feine Weißstickerei an einem Leinenhemd aus Urgroßmutters Zeiten.

Die verschiedenen Stickstiche

Die verschiedenen Stiche machen den Reiz der Leinenstickerei aus. Jeder Stickstich hat seine eigene Struktur, und die Gestaltungsmöglichkeiten sind dadurch äußerst vielseitig. Bevor Sie mit Ihrer Stickarbeit beginnen, sollten Sie die Technik der verschiedenen Stiche beherrschen.

1. Stielstich

Er eignet sich, wie sein Name schon sagt, zum Sticken von Ranken und bogenförmigen Linien. Er stickt sich relativ schnell und mühelos. Auf der Vorderseite zeigt er aneinandergereihte, schräge, gleichgroße Stiche. Ist er sorgfältig gearbeitet, ergibt er auf der Rückseite den Steppstich.

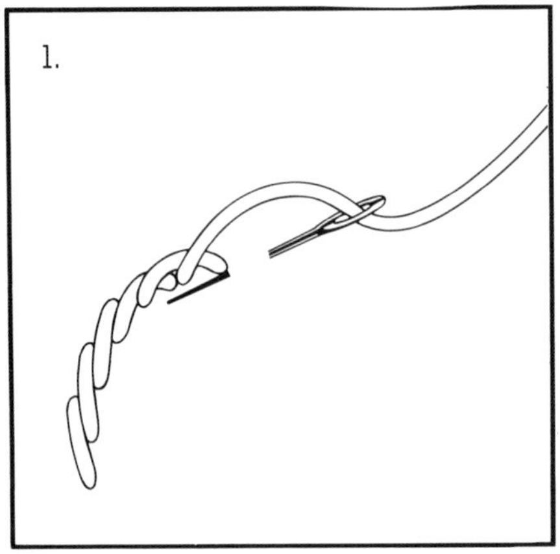

Abb. 1: Den Stielstich sticken Sie von links nach rechts: Sie stechen aus dem Stoff, eine volle Stichlänge weiter stechen Sie ein, gehen um eine halbe Stichlänge zurück und stechen unterhalb des Stichs wieder aus.

2. Steppstich

Er ist der Grundstich der Nähmaschine und wird von rechts nach links gearbeitet. Der Faden wird dabei genau an dem Punkt eingeführt, bei welchem er beim vorhergehenden Stich herauskommt. Der Steppstich kann mit einem anderen Faden durchzogen und umschlungen werden.

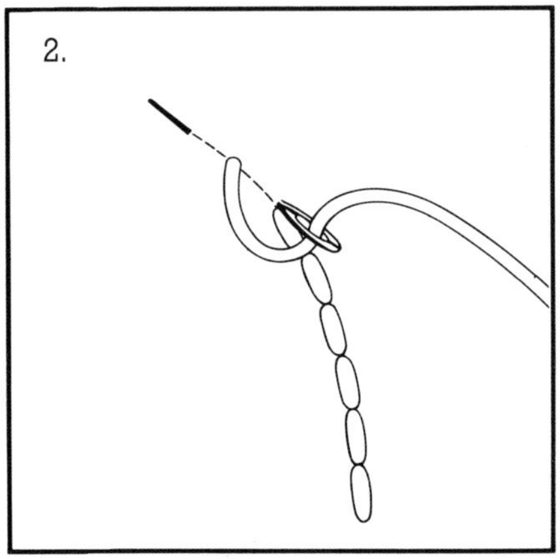

Abb. 2: Den Steppstich sticken Sie von rechts nach links. Sie stechen aus dem Stoff, stechen um eine Stichlänge zurück ein und gehen auf der Rückseite um die doppelte Stichlänge vorwärts.

3. Kettenstich

Er ist ein sehr dekorativer Schlingstich. Der Faden wird als Schlinge gelegt. Fortlaufende Borten aus Kettenstich wirken ausdrucksvoller, wenn eine zweite Reihe seitlich versetzt darübergestickt wird. Besonders gut eignet sich der Kettenstich zum Sticken von Blütenblättern (daher die Bezeichnung Margeritenstich, s. Abb.).

Margeritenstich

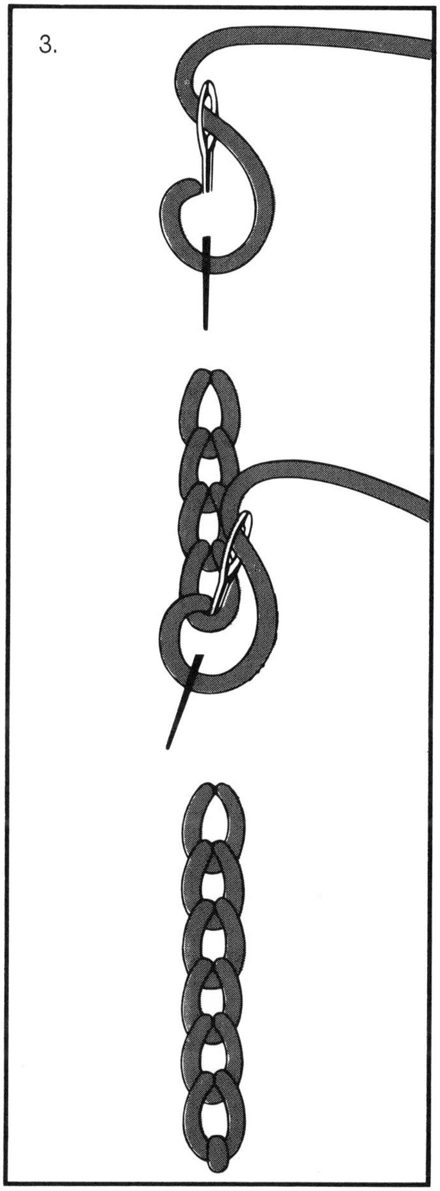

Abb. 3: Den Kettenstich sticken Sie von oben nach unten. Auf der Rückseite bildet sich dabei eine Steppstichlinie, deren einzelne Stiche möglichst gleich lang sein sollten.

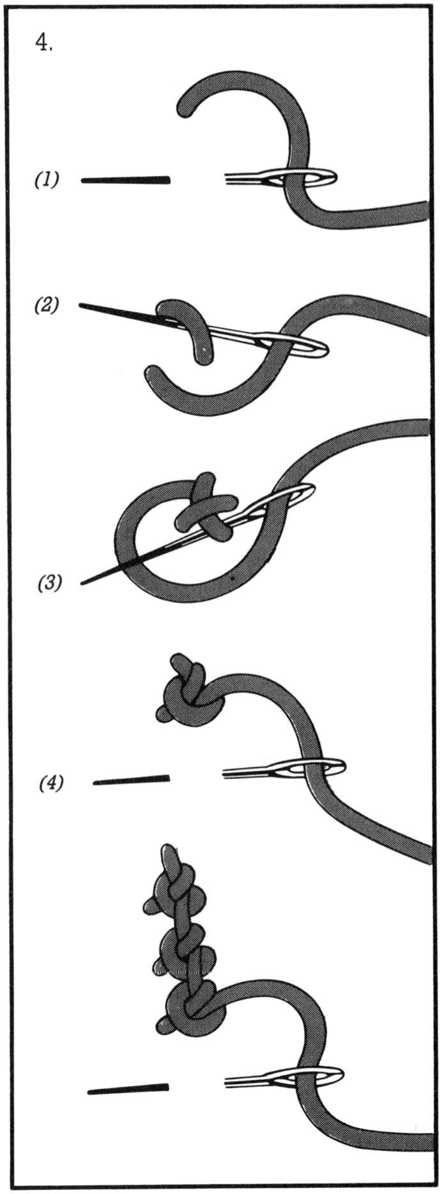

Abb. 4: Den Makrameestich arbeiten Sie in drei Schritten von oben nach unten:
(1) Sie stechen aus dem Stoff (nur am Anfang einer fortlaufenden Reihe), arbeiten einen Schrägstich nach rechts unten und stechen links von dieser Einstichstelle in waagerechter Richtung wieder aus.
(2) Den Faden legen Sie nach unten, nehmen den Schrägstich von rechts nach links auf die Nadel, ohne in das Gewebe zu stechen und ziehen den Faden nach links oben durch.
(3) Legen Sie den Faden wieder nach unten und arbeiten Sie einen lockeren Schlingenstich um den gleichen Schrägstich, ohne in das Gewebe zu stechen. – Ziehen Sie dabei nicht zu fest an!
(4) Jetzt beginnen Sie wieder mit dem Schrägstich – der Stickfaden kommt dabei aus dem letzten fertigen Makrameestich.
Wiederholen Sie die Arbeitsschritte (1), (2) und (3) fortlaufend.

4. Makramee- oder Palästinastich

Er ist sehr beliebt bei der Leinenstickerei und wirkt äußerst dekorativ.

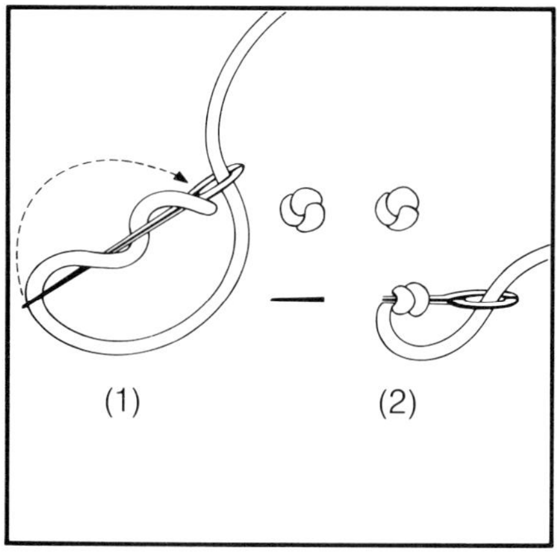

In der Abb. 5 sehen Sie den Knötchenstich. Um ihn zu sticken, stechen Sie von unten her an der gewünschten Stelle aus und winden den Faden zweimal locker so um die Nadel, wie es Abb. 5 (1) zeigt. Die Nadel drehen Sie im Uhrzeigersinn zurück, wie der gestrichelte Pfeil zeigt, und stechen einen Stoffaden weiter wieder ein. Damit der Knoten gut und eng am Stoff anliegt, spannen Sie mit der linken Hand nach und ziehen den Faden senkrecht vom Stich weg.

5. Knötchenstich

In Verbindung mit anderen Zierstichen kann man mit dem Knötchenstich reizvolle Wirkungen erzielen. Denn Knotenstiche haben eine ausgeprägte Reliefstruktur. Sie eignen sich daher auch für das Umranden von Motiven.

6. Hexenstich

Dieser Stich ist besonders leicht und schnell. Arbeiten Sie ihn von links nach rechts mit gleichbleibenden Zwischenräumen. Auf der Rückseite entstehen dabei parallele Reihen von Vorstichen.

Als Kreuznahtstich wird der Hexenstich zum Übersticken von Säumen und Nähten verwendet. Dabei arbeitet man ihn ohne Zwischenräume eng nebeneinander.

Abb. 6: Der Hexenstich wird von links nach rechts gestickt.

7. Plattstich

Er eignet sich zum Ausfüllen von schmalen Flächen in einer vorgezeichneten Form.

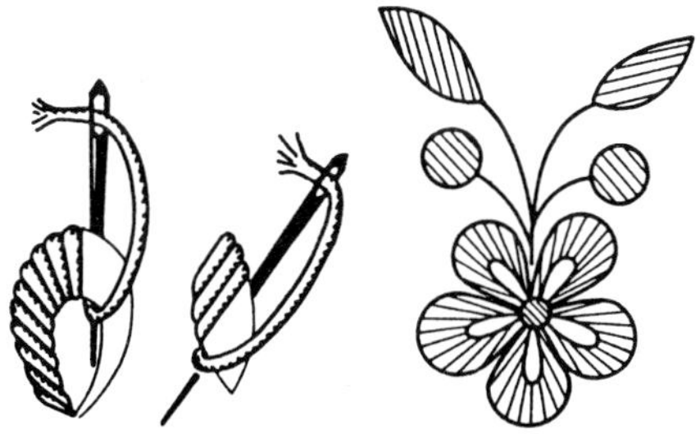

Abb. 7 zeigt die Anwendung des Plattstiches. Wie Sie sehen, werden dem Muster entsprechend so viele Plattstiche exakt aneinandergereiht, bis die Fläche gefüllt ist.

8. Spannstich

Soll z.B. ein Blättchen gestickt werden, bei dem Sie die plastische Wirkung unterstreichen wollen, so unterlegen Sie dieses vorher mit einigen Spannstichen. Danach wird erst der Plattstich ausgeführt. Alle Fäden müssen dazu parallel und sehr dicht nebeneinanderliegen. Breitere zu bestickende Flächen löst man in mehrere Teile auf.

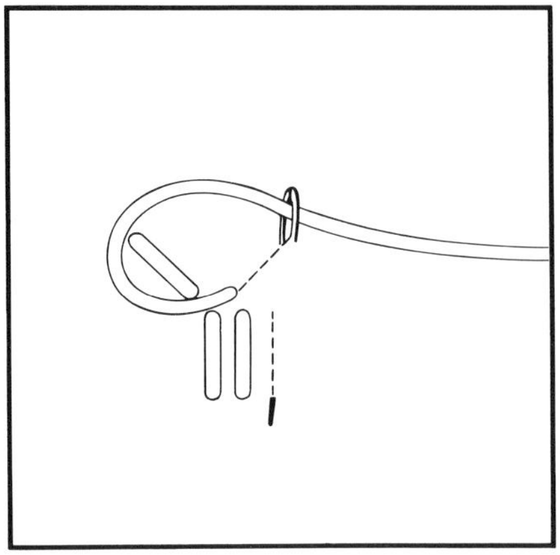

Abb. 8 a zeigt den Spannstich. Im Vergleich zum Plattstich erhalten Sie mit dem Spannstich keine Flächendeckung.

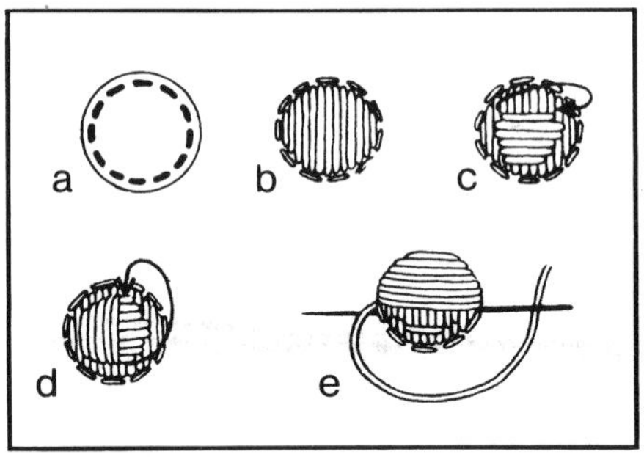

Abb. 8b: Die Punktformen werden „hoch" gestickt. Die Form zuerst dicht innerhalb des gezeichneten Kreises mit Vorstichen umranden (a). Mit Spannstichen lagenweise unterlegen (b–d) und in entgegengesetzter Stichlage zum letzten Unterlegen mit Plattstich übersticken (e). Man beginnt mit dem Übersticken in der Mitte des Punktes und arbeitet nach beiden Seiten.

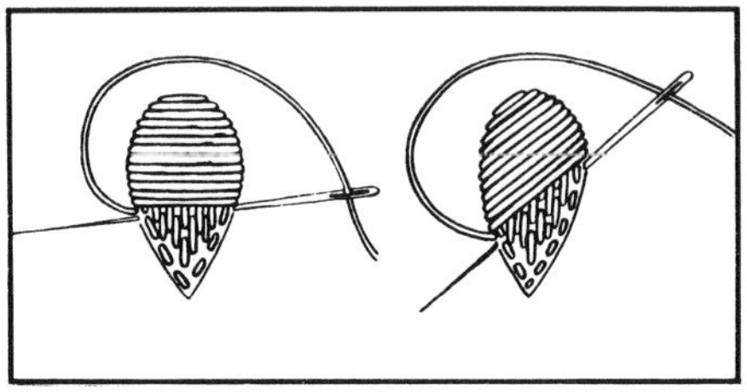

Abb. 8c: Einfache Blattformen mit Vorstichen umranden, mit Spannstichen unterlegen und waagerecht oder schräg mit Plattstich überstikken.

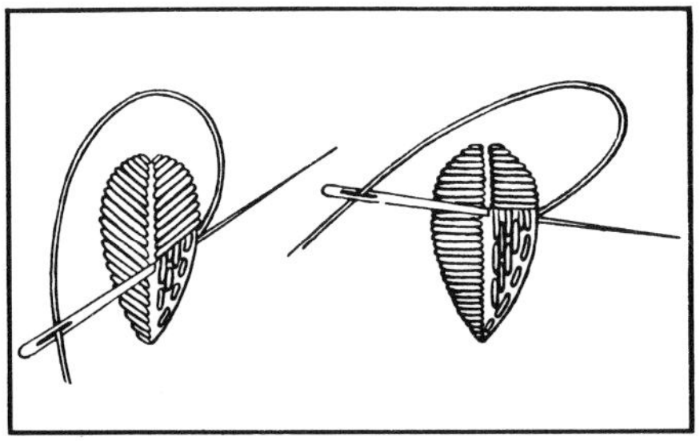

Abb. 8d: Geteilte Formen werden in zwei Arbeitsgängen gestickt. Jede Formhälfte mit Vorstichen umranden und mit Spannstichen unterlegen. Jeweils von außen zur Mitte mit Plattstich übersticken.

9. Langetten- oder Festonstich

Er ist anzuwenden bei Randbefestigungen, Ajour-Löchern und insbesondere bei der Richelieutechnik. Der Langettenstich ist deshalb so vielseitig zu verwenden, weil man damit in der feineren Weißstickerei die geschwungenen Randkanten in den verschiedensten Mustern sticken kann. Diese kann man wie beim Plattstich mit offenen Vorstichen unterlegen.

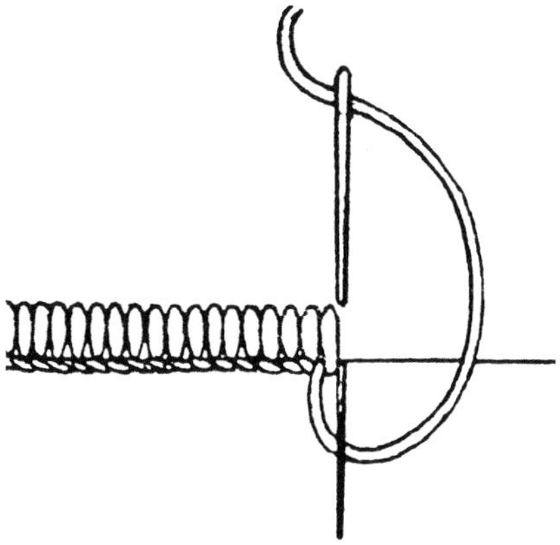

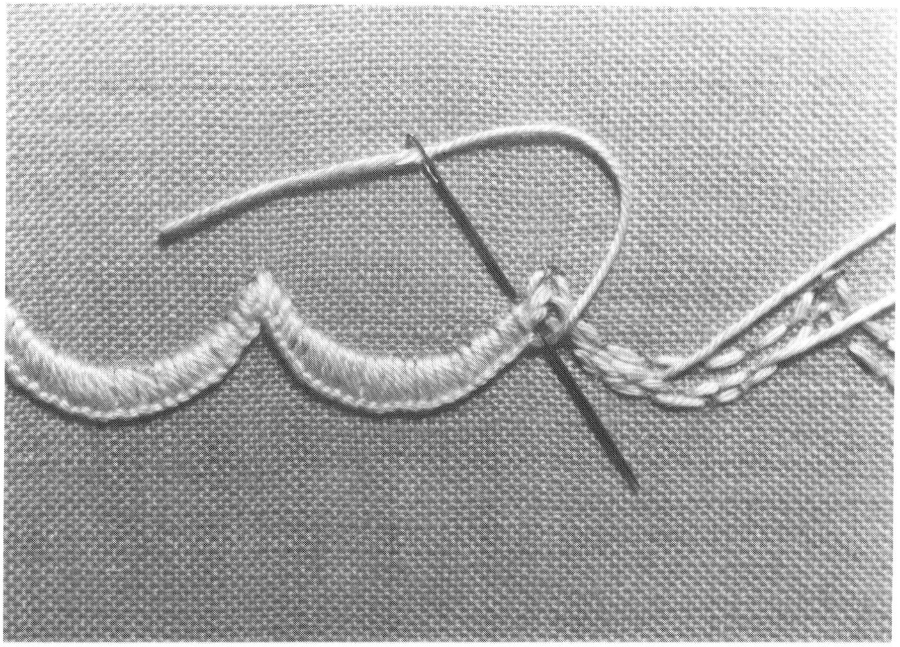

Das Bild zeigt, wie der Langettenstich gearbeitet wird.

10. Bindlöcher

Runde Löcher und Lochreihen werden mit dem Bindlochstich gesichert. Er umfaßt nur den umgebogenen Stoffrand um die Vorstichreihe und wird dicht an dicht gestochen. Die Einschnitte erfolgen jeweils fadengerade. Bei sehr kleinen Löchern braucht der Stoff nicht eingeschnitten zu werden; man sticht nur mit dem Bindlochstecher vor. Außerdem kann man mit dem Bindlochstecher dem Loch eine bessere Rundung geben. Zusammenhängende Lochreihen werden in hin- und hergehender Richtung gearbeitet. Den Arbeitsfaden vernäht man auf der Rückseite unter dem Bindlochstich und schneidet die überstehenden Stoffränder ab. Schmale, längliche Löcher werden nur längs eingeschnitten.

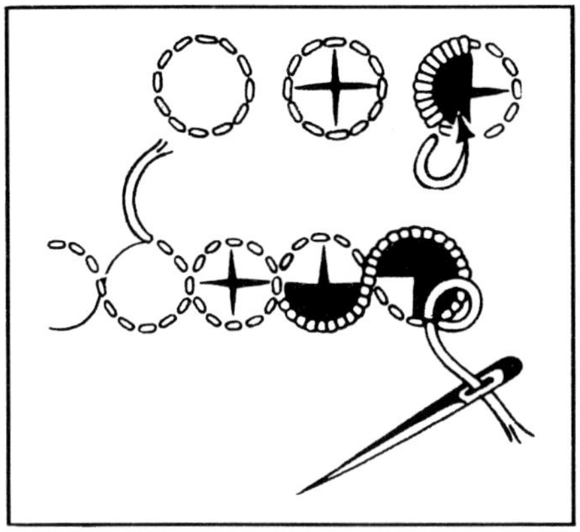

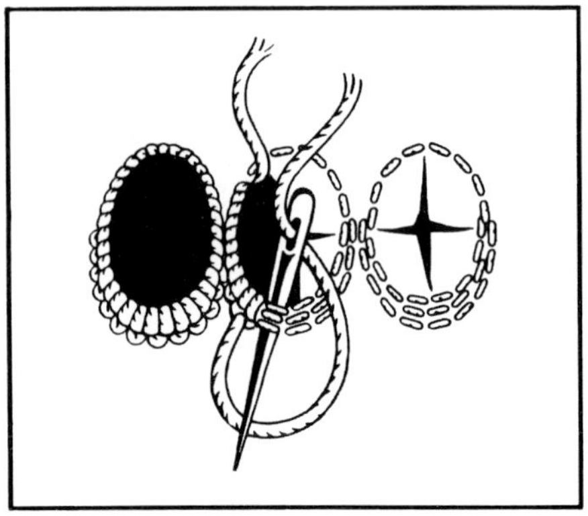

11. Schattenlöcher

Schattenlöcher haben verschieden breit überstickte Ränder. Der breitere Rand wird innerhalb der Vorstichreihen mit Vor- oder auch Kettenstich unterlegt. Dann stickt man in stufenlosem Übergang den schmalen Rand mit Bindloch- und den breiten Rand mit Langettenstich aus.

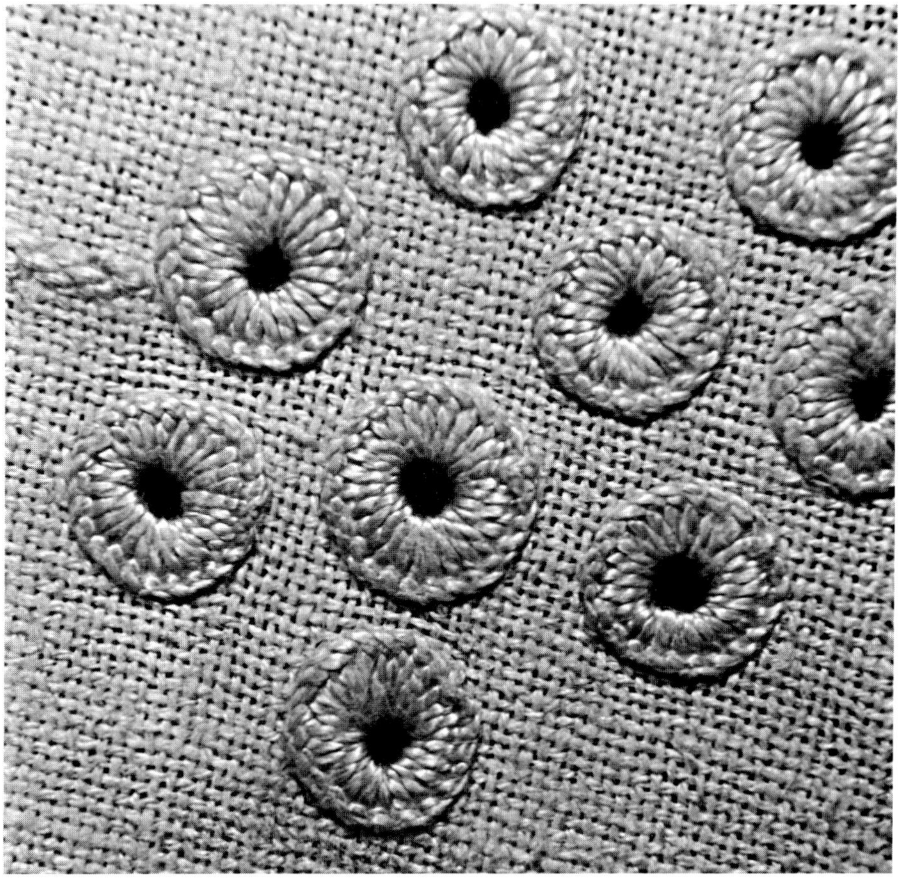

12. Ajour-Loch

Das Ajour-Loch wird nicht mit Heftstichen eingefaßt, sondern nach dem Einstechen mit Langettenstichen umrandet.

Verschiedene Säume als Randbefestigung

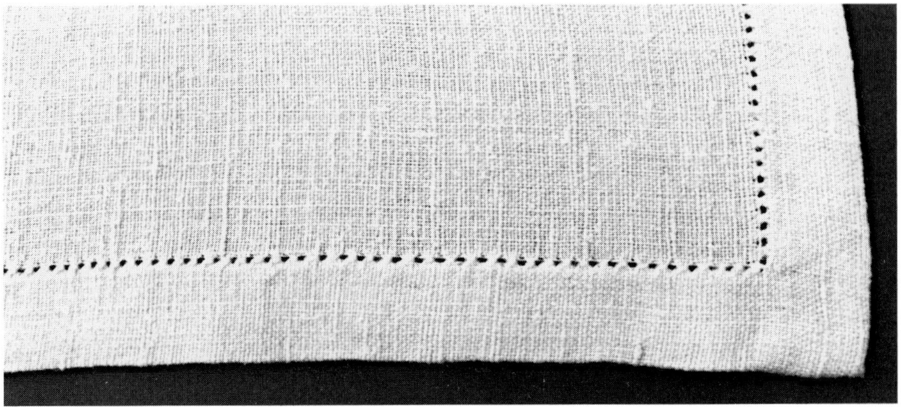

Es gibt verschiedene Möglichkeiten, eine gestickte Decke mit einem passenden Saum zu versehen. Grundsätzlich gilt, an allen Viereckmodellen den Saum fadengerade umzulegen. Spitzen und Borten werden fadengerade aufgenäht.

Säume an runden oder ovalen Decken sollten Sie immer erst nach dem Sticken zuschneiden und befestigen. Bei runden und ovalen Decken ist übrigens eine handgearbeitete Feston- oder Langettenkante besonders schön und einem Saum vorzuziehen.

Breite Hohlsäume sollten Sie bei Leinendecken vermeiden, weil Sie auf Dauer nicht haltbar genug sind. Zu empfehlen sind schmale Hohlsäume (siehe Foto). Hier wurden an der Saumlinie zwei Fäden ausgezogen, der Saum mit der Briefecke (siehe Abb. 1–7) nach links umgeschlagen und über 2 Fäden im Hohlsaumstich befestigt.

Schön ist es, eine Leinendecke mit einer Leinenspitze einzufassen. Diese können Sie entweder selbst anhäkeln, oder Sie kaufen fertige handgehäkelte Spitze und nähen sie an.

Für das Umhäkeln mit Leinengarn ziehen Sie rundherum im Abstand von 8 mm vom Rand einen Faden aus. Die Hälfte, also 4 mm, knicken Sie zur linken Seite um. So können Sie leicht mit der Häkelnadel in die Reihe mit dem gezogenen Faden einstechen, um eine saubere gerade Kante zu erhalten. In diese häkeln Sie eine Reihe fester Maschen und können nun jedes beliebige Muster anhäkeln. Eine quergehäkelte Spitze nähen Sie am besten extra mit feinen Nadelstichen von Hand an. Zum Umhäkeln von Leinendecken ist reines Leinengarn besonders edel und Baumwollgarn vorzuziehen, weil es dem schönen Charakter des Stoffes am besten entspricht.

Zu beachten ist bei allen Tischdecken die Breite des Saumes. Wollen Sie eine harmonische Wirkung von Saum und Decke erreichen, so wählen Sie für eine große Tischdecke einen breiteren Saum und für eine kleine Decke einen schmaleren.

Feston- oder Langettenbogen eignen sich besonders gut zum Einfassen von Leinendecken. Für die Bogen können Sie die Linien mit einem Geldstück oder Glas leicht vorzeichnen (Abb. 1). Für die äußere Kontur sollte das Geldstück einen kleineren Durchmesser haben als für die innere (Abb. 2). Dabei markieren Sie die Anstoßlinie der Bogentiefe und den Bogenabstand.

Die Bogen werden mit kurzen Vorstichen oder Kettenstich unterlegt und danach mit dem Festonstich dicht überstickt (Abb. 3).Bei schmalen Rändern genügt es, nur über die Musterlinien oder über zwei mitlaufende Fäden zu sticken (Abb 4).

Breite Bogenränder sollten Sie mit Hexenstich unterlegen (Abb. 5).

Die fertig gestickte und umsäumte Handarbeit waschen und bügeln, erst danach das überstehende Leinen entlang der Festonbogen mit einer spitzen Schere sauber abschneiden.

Der doppelt gelegte Saum und das Abschrägen einer Ecke

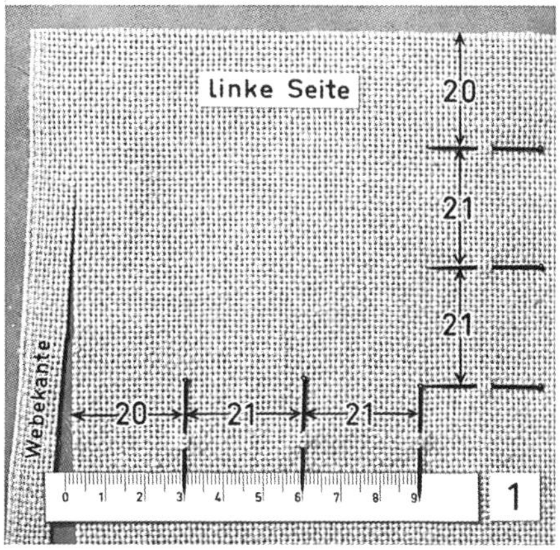

Zu 1
Webekanten ca. 1/2 cm tief wegschneiden, da sie sich mitunter leicht zusammenziehen.
Einen doppelten Saum zu arbeiten ist deshalb vorteilhaft, weil sich bei einem einfach gearbeiteten Saum ein schmaler Stoffeinschlag durchdrücken würde. Unser Lehrbeispiel ist an einem 3 cm breiten, doppelten Saum gezeigt. Man berechnet also für diesen Saum insgesamt 9 cm, und zwar markiert man mit Stecknadeln: 3 cm für die Vorderseite, 3 cm für die Rückseite und 3 cm für den Einschlag. Jeder dieser 3 cm muß die gleiche Anzahl Gewebefäden haben; nur der Einschlag nicht, bei ihm muß am Schnittrand ein Faden weniger sein, damit der Einschlag nach dem Legen des Saumes glatt liegen bleibt. Bei gleichmäßig gewebten Stoffen nur an einer Seite messen und danach die Gewebefäden zählen und an den anderen 3 Seiten die Gewebefäden nur abzählen. (An unserem Lehrbeispiel sind es 21 bzw. 20 Gewebefäden.)
Ist der Stoff nicht gleichmäßig gewebt, hat also die gleiche Zentimeteranzahl in Höhe und Breite eine unterschiedliche Anzahl Gewebefäden, so muß man bei sich gegenüberliegenden Seiten die eine Seite messen und zählen und die andere nur abzählen.

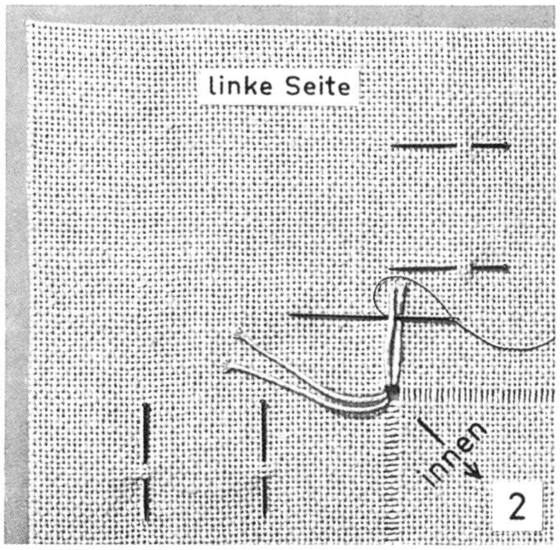

Zu 2
Nach der 3fachen Saumbreite innen werden ringsum je 1 oder die gewünschte Anzahl Gewebefäden für den Hohlsaum herausgezogen (an unserem Lehrbeispiel sind der Deutlichkeit halber 2 Gewebefäden herausgezogen). Die Gewebefadenenden an der Endpunkten nicht abschneiden, sondern lose hängen lassen. Dann Fadenenden sorgfältig zurücklegen und mit feinem Nähfaden in der Farbe des Stoffes annähen, ohne daß die Stiche auf der Vorderseite sichtbar werden; etwas kürzer als Saumbreite abschneiden.

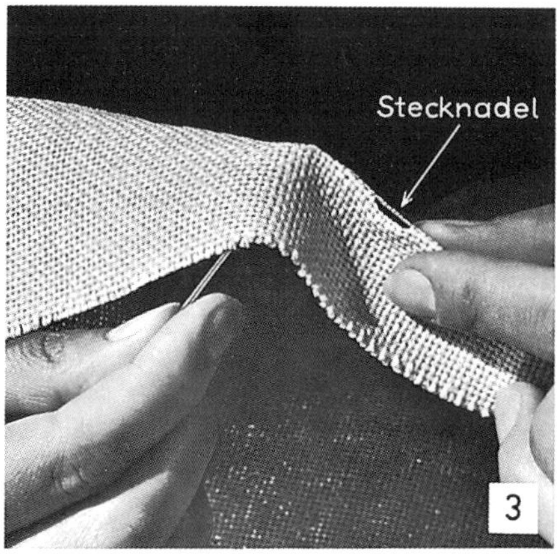

Zu 3
Jetzt wird der Saum wie folgt nach links gelegt: von den Stecknadeln ausgehend fadengerade die Bruchkanten ritzen (siehe Abbildung) oder kniffen oder bei synthetischen- und Wollstoffen heften und bügeln und dann mit wenigen Nadeln den Saum feststecken.

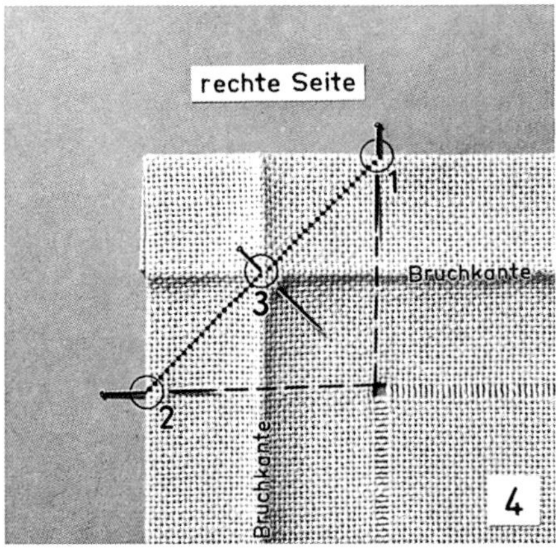

Zu 4
An den Ecken nur den Einschlag nach links umlegen. Die Mittelpunkte der 3 Kreise werden wie folgt gefunden und mit Stecknadeln markiert: für Kreis 1 und Kreis 2 geht man vom äußeren Eckpunkt des Eckloches fadengerade nach außen (siehe gestrichelte Linien). Für Kreis 3 ist der Kreuzungspunkt der Bruchkanten der Mittelpunkt. Stecknadeln bis zum Nähen der Ecke stecken lassen. Diese 3 Mittelpunkte evtl. mit einer dünnen Bleistiftlinie miteinander verbinden (Lineal benutzen). Diese Linie verläuft diagonal genau über die Gewebekreuze (siehe punktierte Linie). Arbeit wenden und die Ecke umlegen, nun entstandene Bruchkante (das ist die punktierte Linie) ganz fest bügeln.

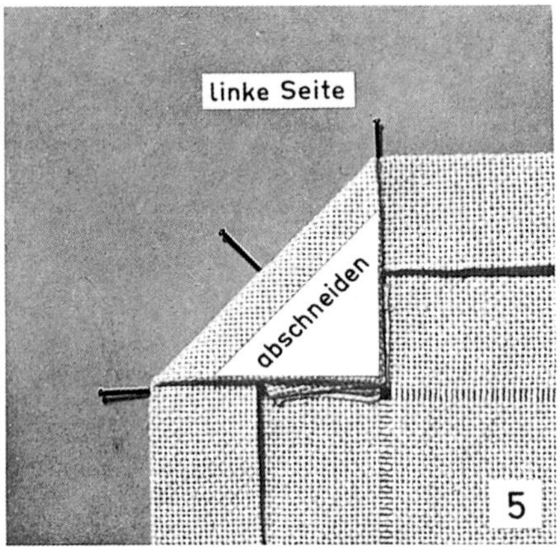

Zu 5
Ca. ½ bis 1 cm von dieser Bruchkante entfernt die auf der Abbildung mit einem weißen Feld bezeichnete Stoffecke abschneiden.

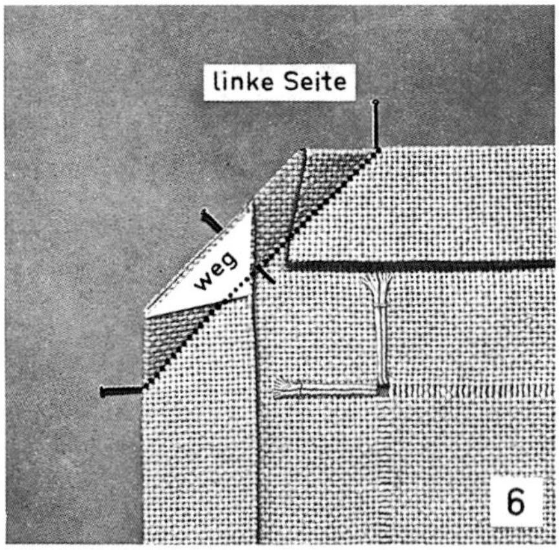

Zu 6
Den verbleibenden schmalen Einschlag der Ecke öffnen und die zwei kleinen Eckchen (eines mit weißem Feld bezeichnet, das andere ist schon abgeschnitten) abbildungsgemäß bis etwas über die Bruchkante hinaus abschneiden, Bruchkante ist die punktierte Linie.

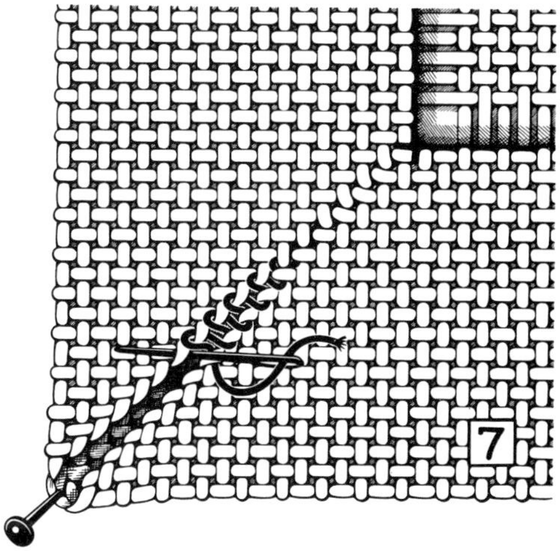

Zu 7
Ecke legen, und zwar zuerst den schmalen Einschlag bis zur Bruchlinie umbiegen, dann Nadel Kreis 1 und Nadel Kreis 2 an den äußeren Eckpunkt des Eckloches legen und den Saum an dieser Stelle mit feinem Nähgarn in der Farbe des Stoffes an den äußeren Rändern des Eckloches mit einem kleinen Stich befestigen und die 2 Stecknadeln entfernen. Mit diesem Nähfaden anschließend die zwei diagonal verlaufenden Bruchkanten bis zur Ecke (Stecknadel) mit unsichtbaren Stichen hohl zusammennähen; wesentlich dabei ist, daß man jeweils nur einen Gewebefaden faßt, und zwar an jeder Seite den paralell zu dem Saum laufenden Gewebefaden, genau in der Diagonale.

Das Arbeiten des einfachen Hohlsaumes

Nachdem man den Saum vorbereitet und die Ecken genäht hat, wird der Hohlsaum auf der linken Seite von links nach rechts nach den Arbeitsproben A und B gearbeitet. Diese zeigen das Bündeln von 2 Gewebefäden. Es ist darauf zu achten, daß man beim Anstechen des Saumes ebenfalls 2 Gewebefäden weitergeht. Beim Fassen der Saumkante soll man immer nur, wie die Arbeitsprobe B zeigt, die waagerechten, unmittelbar an der Bruchkante liegenden 2 Gewebefäden fassen, ohne dabei die rechte Seite mit anzustechen. Bei feineren Stoffen kann man auch 3 oder mehr Gewebefäden bündeln, nur ist darauf zu achten, daß man am Saum dann ebenfalls die gleiche Fadenanzahl weitergeht.

Abb. 1

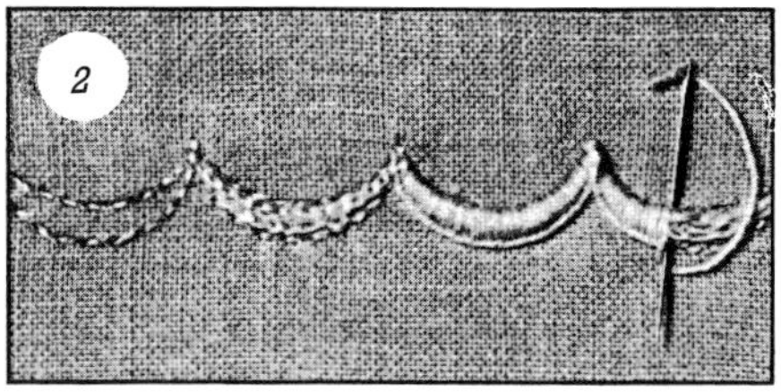

Abb. 2

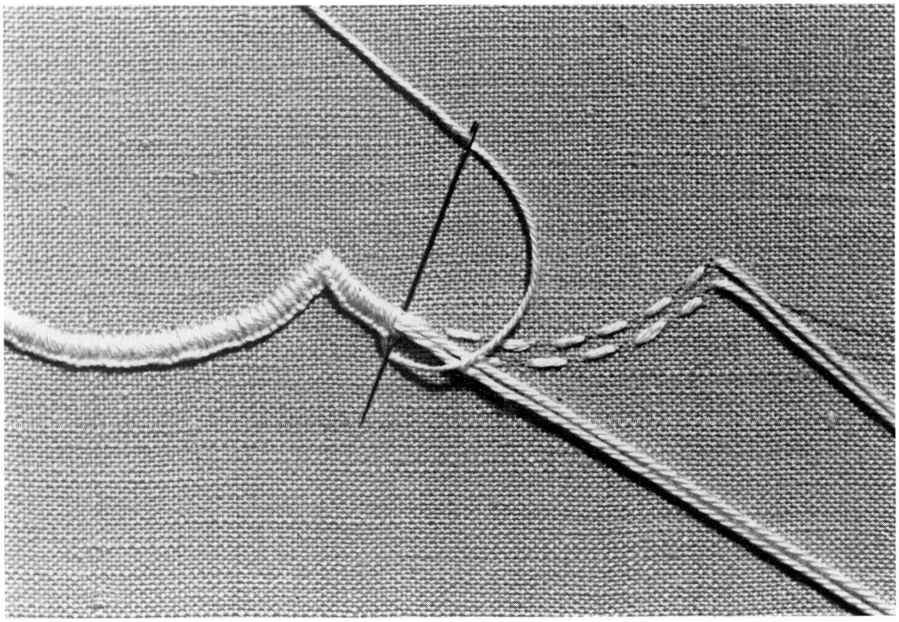

Abb. 3

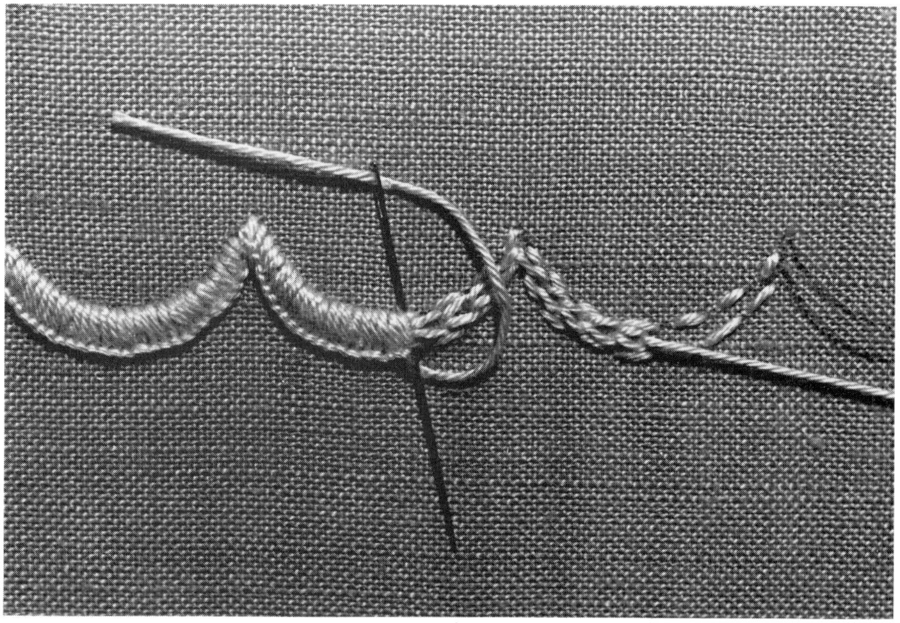

Abb. 4

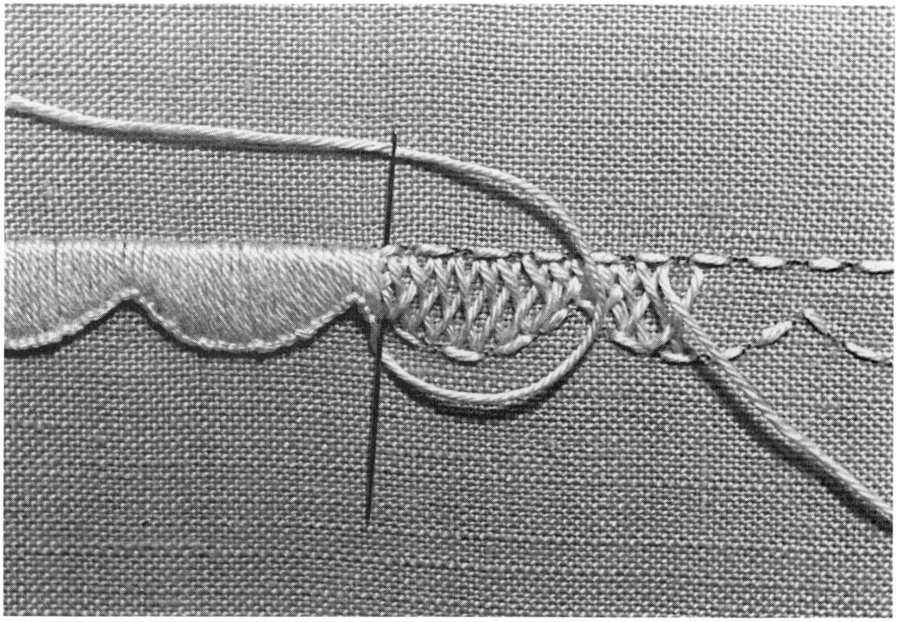

Abb. 5

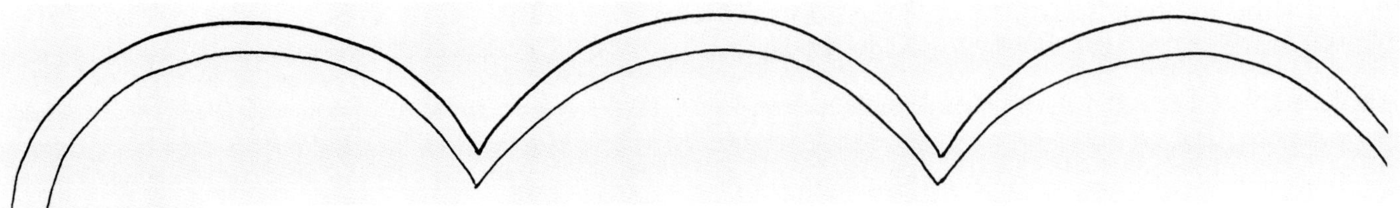

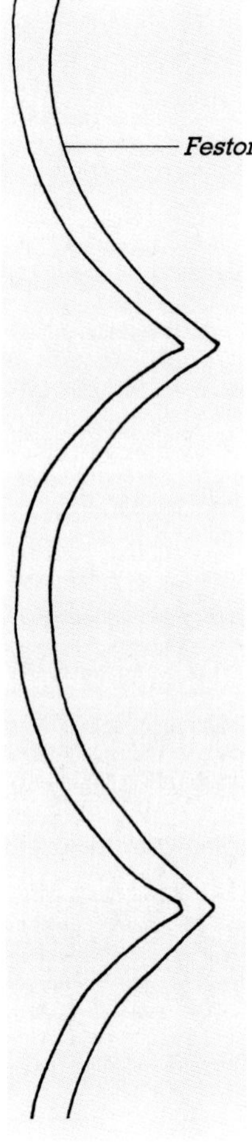
Festonkante

Was man für die Leinenstickerei braucht

Viel Handwerkszeug brauchen Sie für die Leinenstickerei nicht. Mit Stickrahmen, Bindlochstecher (Pfriem), Stickgarn, Sticknadeln und Schere kommen Sie schon aus.

Sticknadeln gibt es heute in den verschiedensten Größen und Formen. Für das Besticken von Leinen haben sich Nadeln in den Stärken 22 und 24 bewährt. Es hängt von der Festigkeit des Leinens ab, ob Sie beim Makrameestich lieber mit einer stumpfen Nadel arbeiten. Besser wird dieser Stich mit einer spitzen Nadel ausgeführt.

Beachten Sie außerdem, daß man grobe Stiche niemals auf feine Stoffe und umgekehrt zu kleine Stiche nicht auf grobfädigen Stoff stickt.

Plagen Sie sich bei Ihren Handarbeiten nicht mit stumpfen Scheren herum! Stickscheren sollten klein, schmal, scharf und spitz sein. Das ist z.B. für das Ausschneiden der Festonbogen ganz wichtig.

Einen Pfriem oder Bindlochstecher benötigen Sie zum Anfertigen der Bind- und Ajour-Löcher. Früher gab es ihn aus Elfenbein. Heute können Sie preiswerte Pfrieme aus Kunststoff oder Metall in Handarbeitsgeschäften kaufen.

Alle in diesem Buch vorgestellten Motive für Leinenstickerei wurden mit MEZ-Vierfachstickgarn gearbeitet. Die Stärke des Stickgarns hängt immer von der Struktur des Stoffes ab. Je größer das Leinen, desto dicker muß auch das Stickgarn sein.

In der Regel kommen die MEZ-Vierfachstickgarne Nr. 12, Nr. 16 und Nr. 20 zur Anwendung.

Am gebräuchlichsten ist die Farbnummer 402 in Weiß. Einige der abgebildeten Stickereien auf Naturleinen wurden in einem hellbeigen Farbton gestickt. Einfarbig besticktes Leinen unterstreicht den Wert des Stoffmaterials und paßt sich auch geschmacklich am besten dem wohnlichen Bereich an.

Damit die Weißstickerei plastischer wirkt, können Sie die auszustickenden Formen ein oder mehrere Male unterlegen. Dazu verwendet man am besten MEZ-Sticktwist (3fädig). Das ist ein weiches, teilbares Garn.

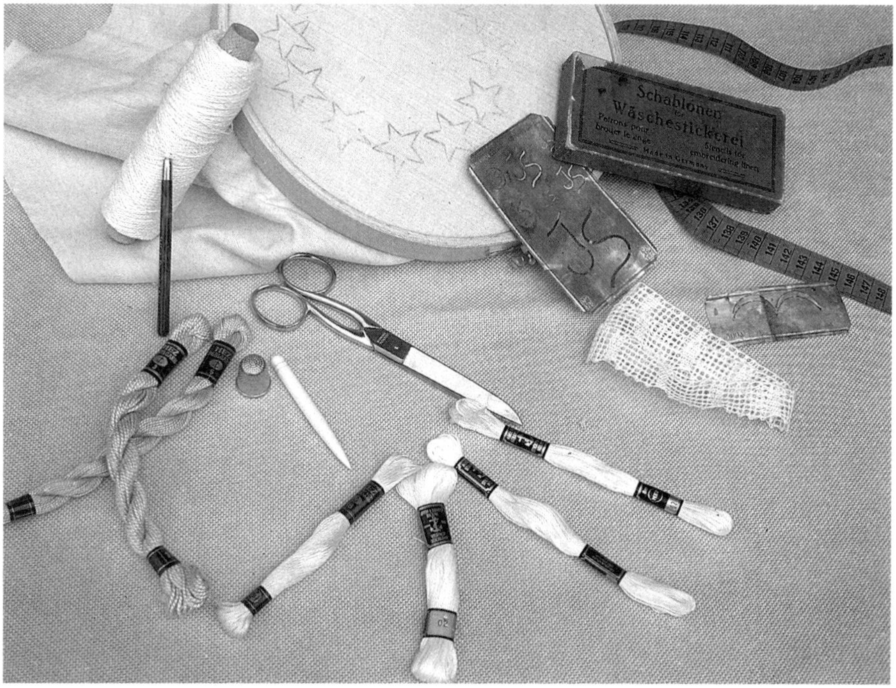

Mit relativ wenig Handwerkszeug kommen Sie bei der Leinenstickerei zurecht.

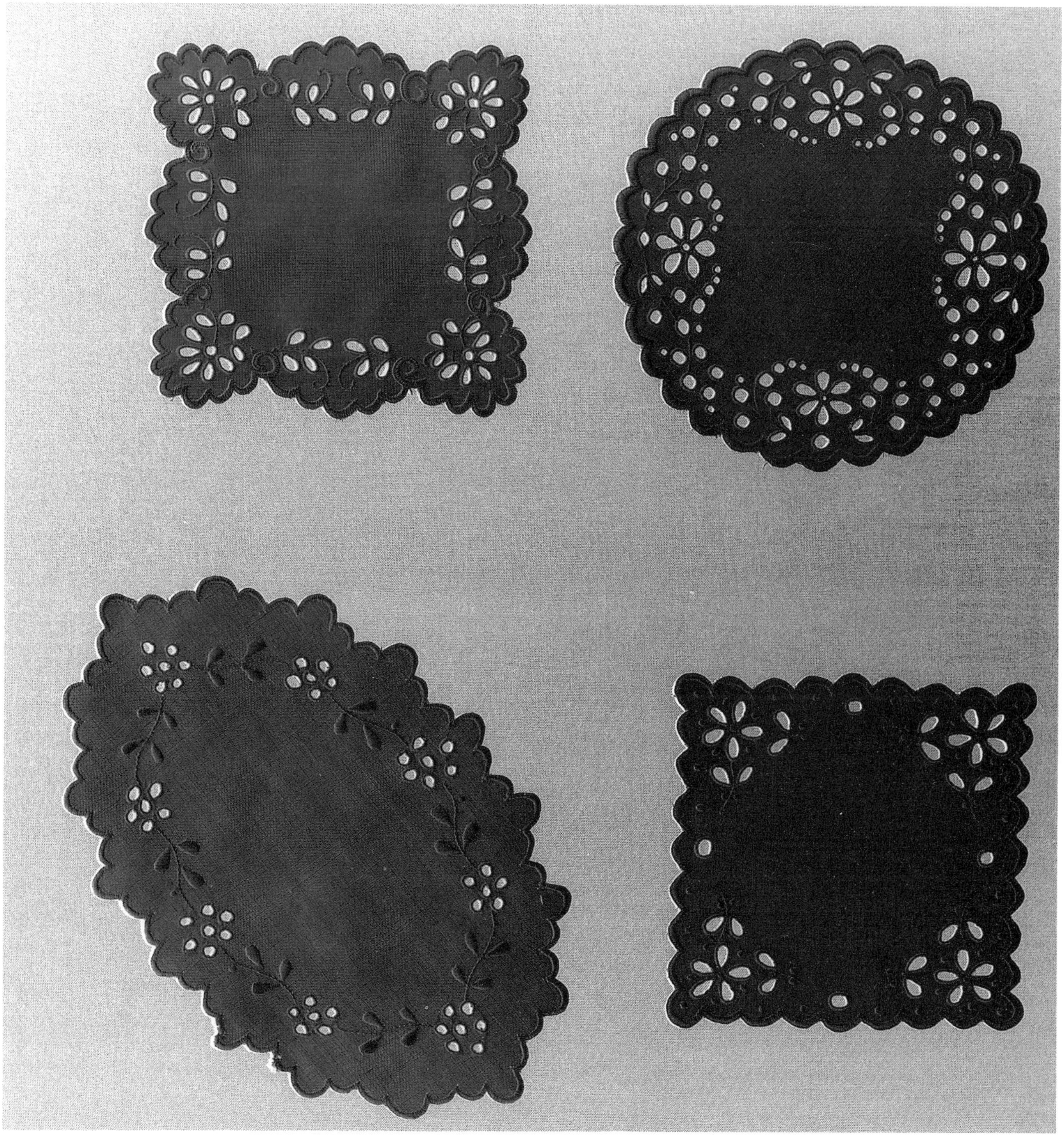

Für Anfänger und Eilige ideal sind kleine Deckchen und Sets. Die Musterpalette ist groß.

Quadratische Deckchen

Größe: 18x18 cm

Material:

30x30 cm feines Leinen,
Transparentpapier,
Kopierpapier (oder 1 Bügelstift zum Aufzeichnen),
1 Pfriem zum Vorbohren der Bindlöcher,
MEZ-Vierfachstickgarn 20,
MEZ-Mattstickgarn zum Unterlegen.

Und so wird es gemacht:

Das Motiv auf den Stoff zeichnen. Die äußeren Konturen der Bindlöcher mit kleinen Vorstichen nachzeichnen und mit dem Pfriem Löcher einstechen. Danach das Loch von außen nach innen dicht umstechen.

Dabei ist darauf zu achten, daß man den eingebohrten oder eingeschnittenen Stoff sauber mitfaßt.

Bei länglichen Blättchen wird der Stoff kreuzweise eingeschnitten und mit der Nadelspitze nach hinten umgeschlagen. Danach die Kante im Bindlochstich umstechen.

Die vorgezeichneten Blätter können auch mit Plattstich überstickt werden, wenn keine Löcher gewünscht werden.

Für die Festonkante die einzelnen Bogen zunächst mit einer Reihe kleiner Vorstiche nachzeichnen, anschließend mit dichtem Langettenstich überstikken.

Das fertige Deckchen waschen und feucht von links bügeln. Danach den überstehenden Stoff der Festonkante sauber abschneiden.

Vielseitig zu verwenden sind diese kleinen Sets.

Festonstich 20
Stielstich 20
Bindloch 20

Rundes Deckchen

Größe: ⌀ 23 cm

Material:

35 cm feines Leinen,
Transparentpapier,
Kopierpapier (oder 1 Bügelstift),
1 Pfriem zum Vorbohren der Bindlöcher,
MEZ-Vierfachstickgarn 20,
MEZ-Mattstickgarn zum Unterlegen.

Und so wird es gemacht:

Siehe Anleitung für die quadratischen Deckchen auf Seite 34. Statt mit länglichen Löchern kann man die Blätter auch in Plattstich sticken.

Nach dem Waschen und Bügeln den überstehenden Stoff der Festonkante vorsichtig abschneiden.

Ovales Deckchen

Größe: 15x23 cm

Material:

25x35 cm Leinen,
Transparentpapier,
Kopierpapier (oder 1 Bügelstift zum Aufzeichnen),
1 Pfriem zum Vorbohren der Bindlöcher,
MEZ-Vierfachstickgarn 16 und 20.

Und so wird es gemacht:

Siehe Anleitung für die quadratischen Deckchen auf Seite 34.

Auf der Musterzeichnung ist die Festonkante mit einfachen Bogen vorgezeichnet.

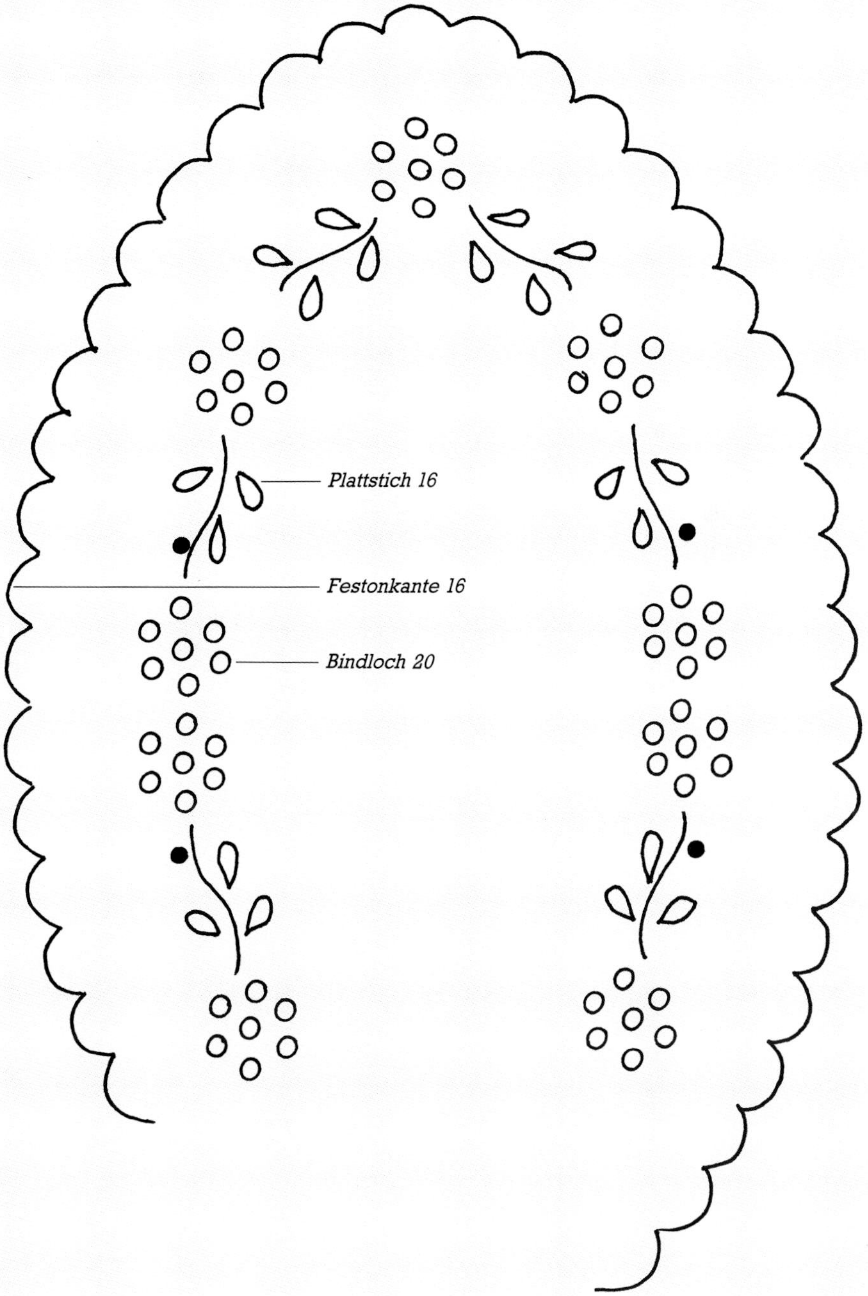

Set mit Schattenlöchern (Tellerdeckchen)

Größe: ∅ 16 cm

Material:

25x25 cm Leinen,
Transparentpapier,
Kopierpapier (oder 1 Bügelstift),
1 Pfriem zum Vorbohren der Bindlöcher,
MEZ-Vierfachstickgarn 20,
MEZ-Sticktwist zum Unterlegen.

Und so wird es gemacht:

Das Muster auf den fadengerade abgeschnittenen Stoff übertragen. Die Stikkerei der Zeichnung entsprechend anfertigen.

Die Anleitung zum Sticken der Schattenlöcher finden Sie auf Seite 34. Das fertige Set waschen und feucht von links bügeln. Danach den überstehenden Stoff der Schattenlöcher mit einer spitzen, scharfen Schere vorsichtig abschneiden.

Tellerdeckchen mit Schattenlöchern.

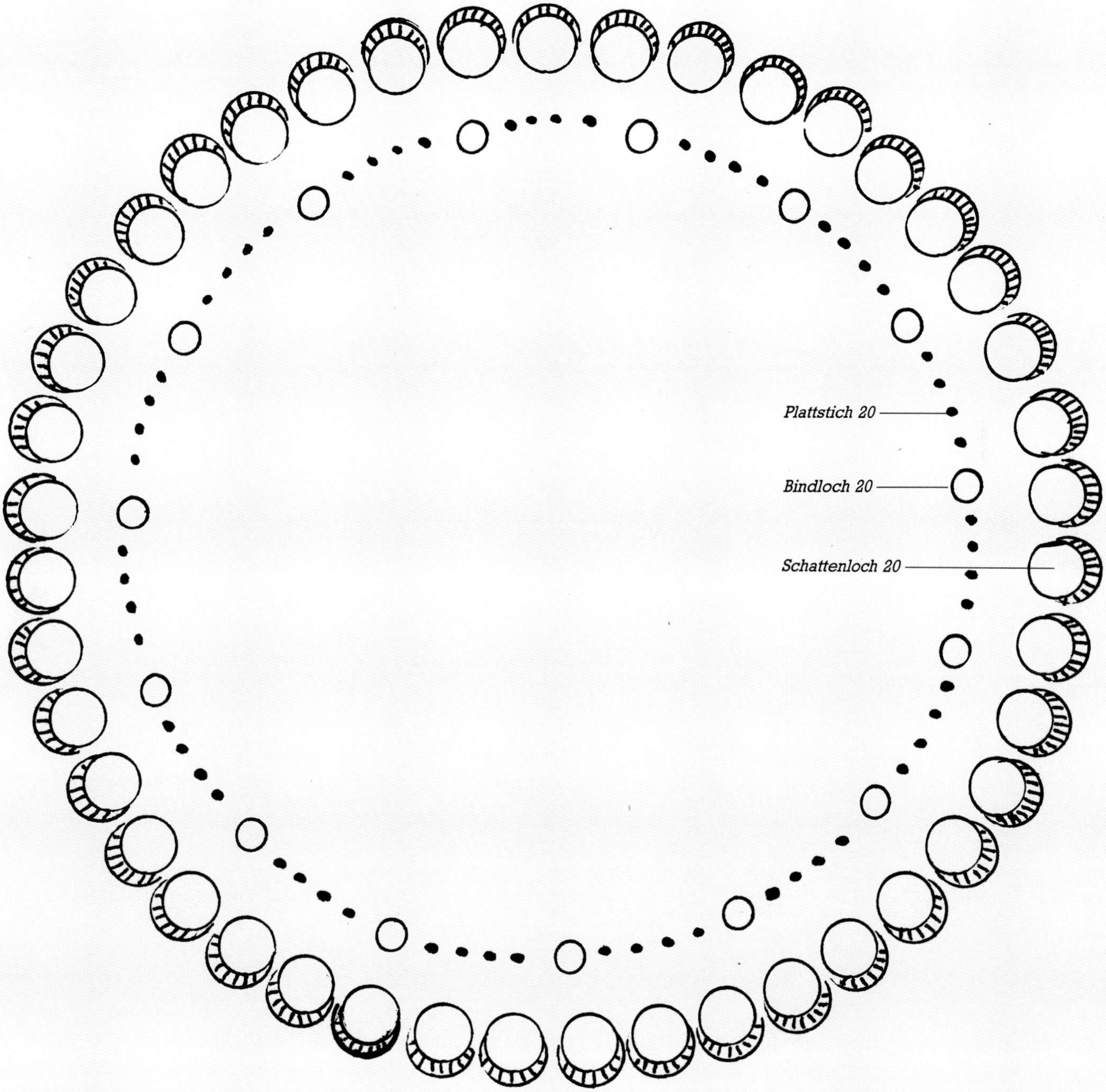
Plattstich 20
Bindloch 20
Schattenloch 20

Ovales Deckchen

Größe: 21x26 cm

Material:

30x40 cm Leinen,
Transparentpapier,
Kopierpapier (oder 1 Bügelstift),
1 Pfriem zum Vorbohren der Bindlöcher,
MEZ-Vierfachstickgarn 16 und 20.

Und so wird es gemacht:

Anleitung siehe Seite 34.

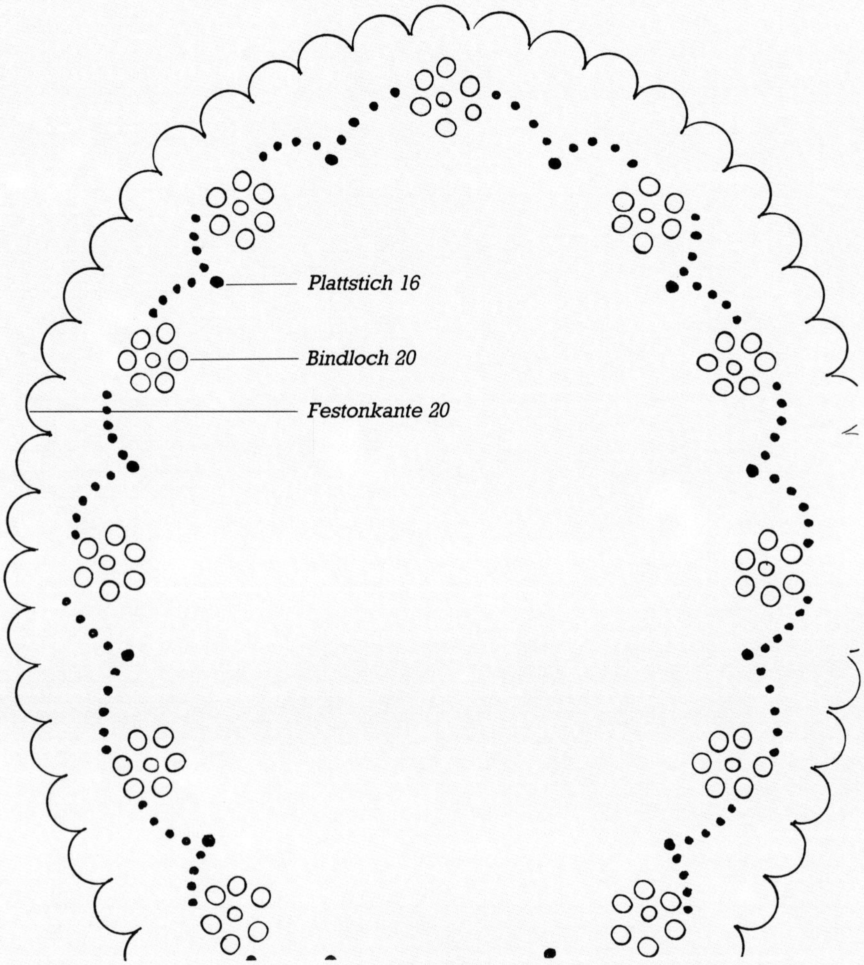

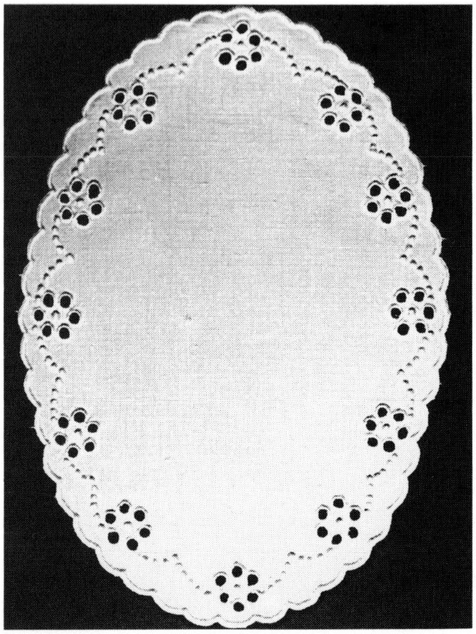

Ovales Deckchen, das Sie aus einem Leinenrest anfertigen können.

Rundes Deckchen

Größe: ⌀ 21 cm

Material:

30x30 cm mittelfeines Leinen, Transparentpapier, Kopierpapier (oder 1 Bügelstift), 1 Pfriem, MEZ-Vierfachstickgarn beige 12 und 20.

Und so wird es gemacht:

Die vollständige Musterzeichnung auf den Stoff übertragen und die Stickerei abbildungsgemäß ausführen.

Weitere Anleitung siehe Seite 34.

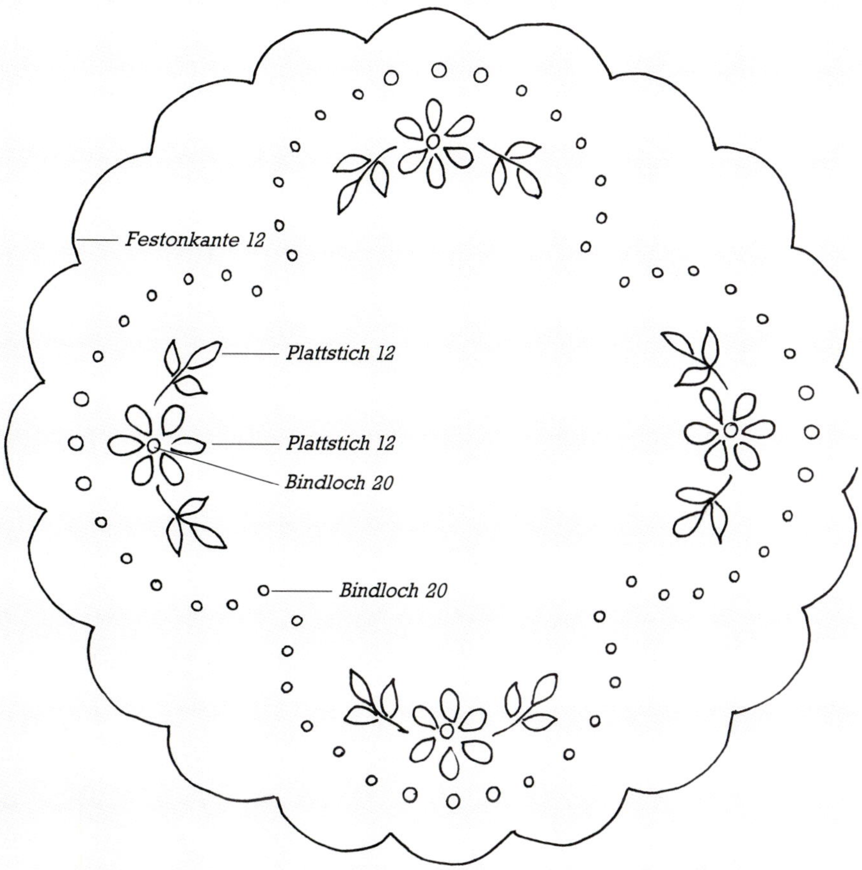

Rundes Deckchen aus handgewebtem Leinen mit beigefarbigem Garn bestickt.

Ovales Deckchen

Größe: 23 x 34 cm

Material:

35 x 45 cm Leinen,
Transparentpapier,
Kopierpapier (oder 1 Bügelstift),
1 Pfriem zum Vorbohren der Bindlöcher,
MEZ-Vierfachstickgarn 12 und 16,
MEZ-Sticktwist zum Unterlegen.

Und so wird es gemacht:

Das Muster auf den Stoff zeichnen und die einzelnen Stickstiche der Musterzeichnung entsprechend aufsticken.

Weitere Anleitung Seite 34.

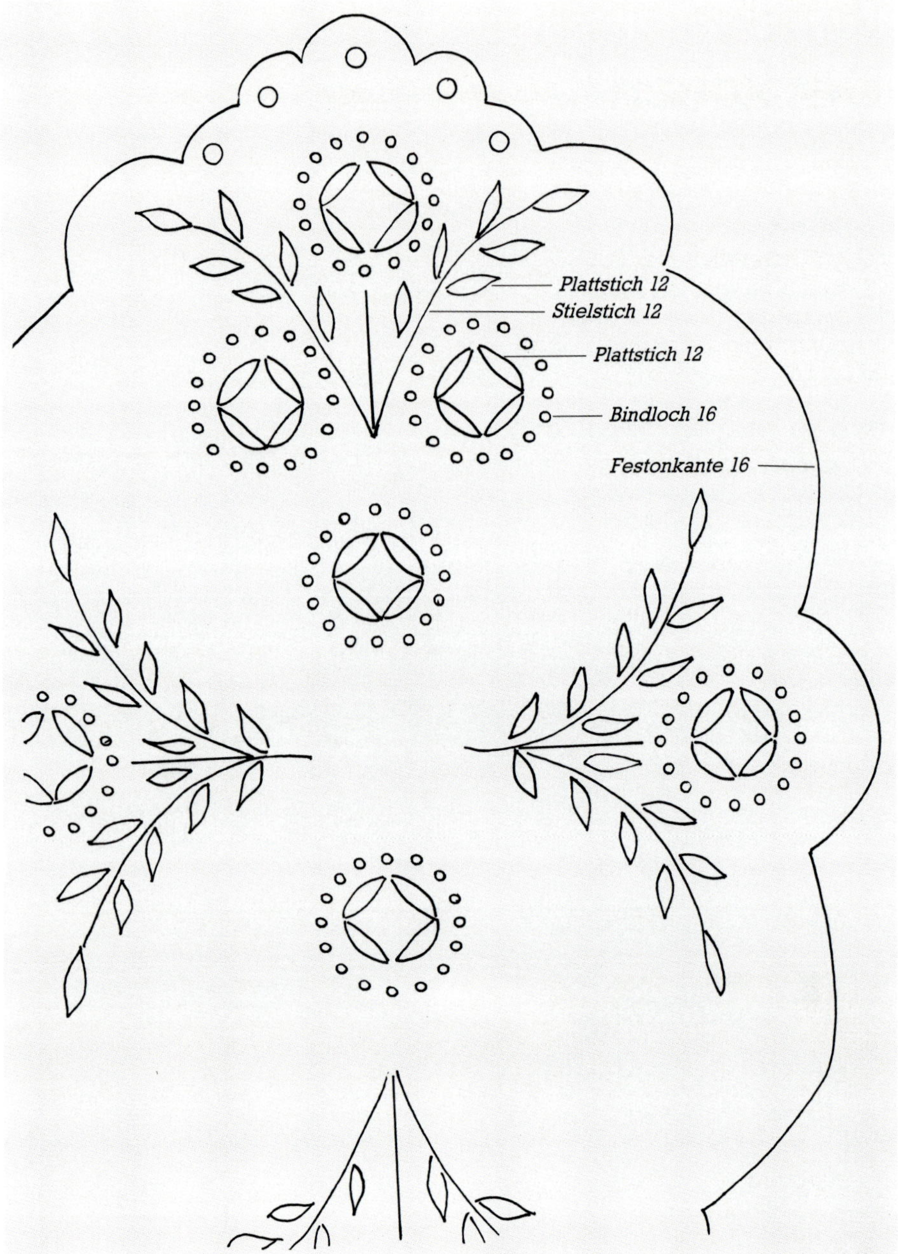

Dieses ovale Deckchen ist reich bestickt und mit breiten festonierten Bogen eingefaßt.

Rundes Deckchen

Größe: ∅ 30 cm

Material:

40x40 cm feines Leinen,
Transparentpapier,
Kopierpapier (oder 1 Bügelstift),
1 Pfriem zum Vorbohren der Bindlöcher,
MEZ-Vierfachstickgarn 16 und 20,
MEZ-Sticktwist.

Und so wird es gemacht:

Das vollständige Muster auf den Stoff übertragen. Die einzelnen Stickstiche der Musterzeichnung entsprechend aufsticken.

Weitere Anleitung dazu Seite 34.

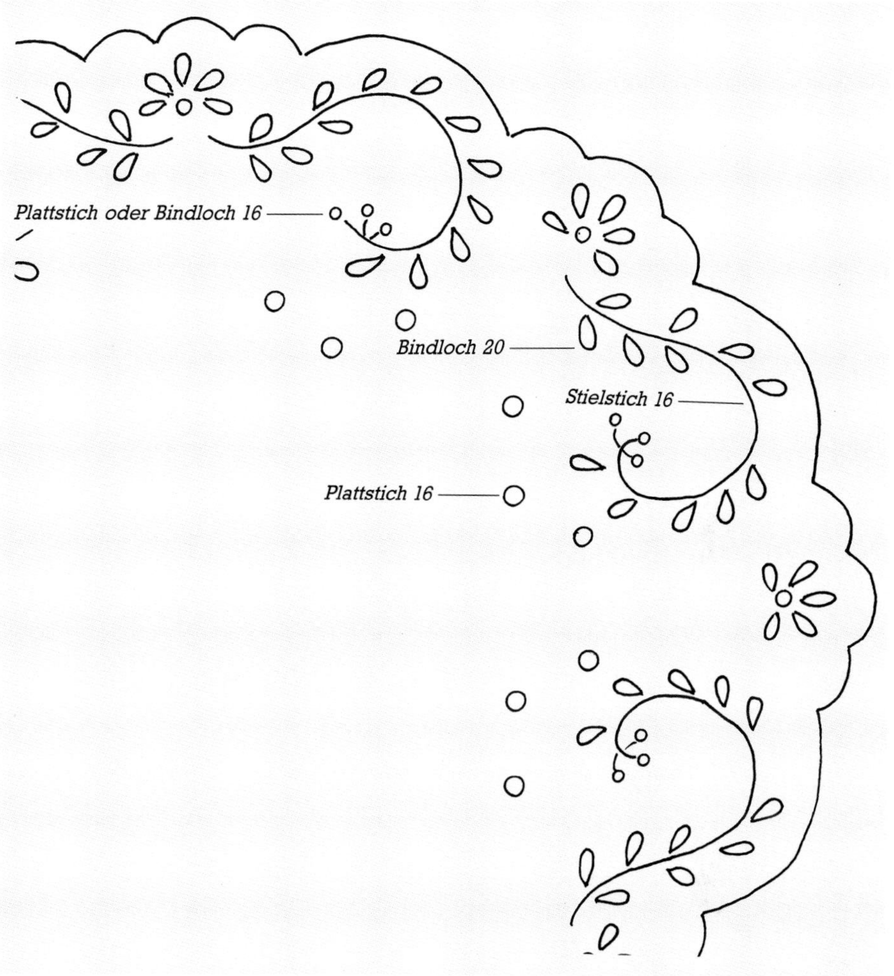

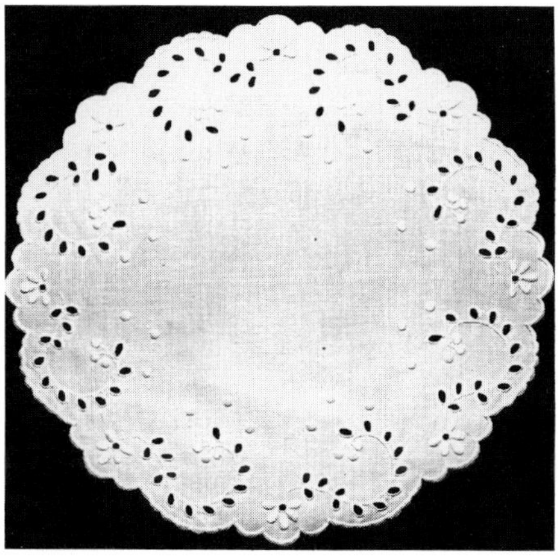

Rundes Deckchen mit Lochstickerei und festonierten Bogen eingefaßt.

Ovales Deckchen

Größe: 20x27 cm

Material:

30x40 cm Leinen,
Transparentpapier,
Kopierpapier (oder 1 Bügelstift),
1 Pfriem zum Vorbohren der Bindlöcher,
MEZ-Vierfachstickgarn 16 und 20.

Und so wird es gemacht:

Das vollständige Muster auf den Stoff bringen und die einzelnen Sticharten der Musterzeichnung entsprechend aufsticken.

Weitere Anleitung dazu auf Seite 34.

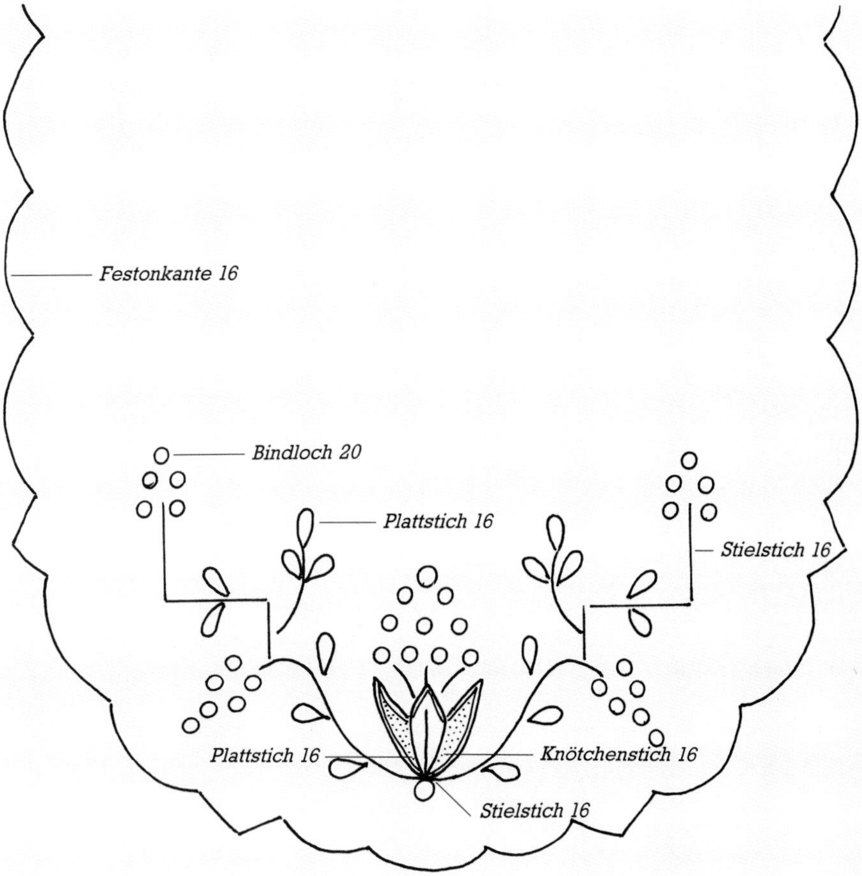

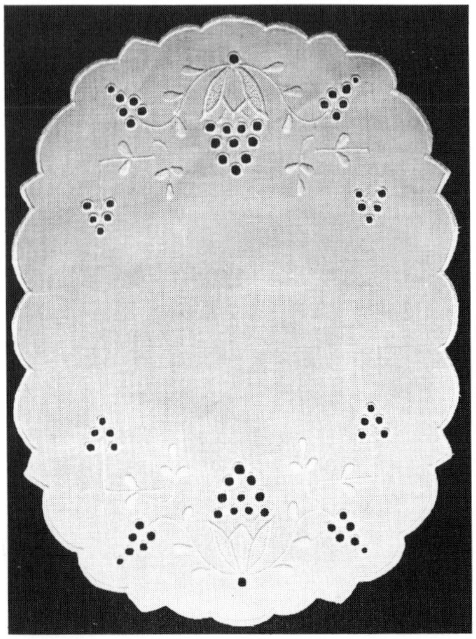

Das Muster dieses ovalen Deckchens ist auch auf rechteckige Sets übertragbar.

Ovales Set

Größe: 15x25 cm

Material:

25x35 cm Leinen,
Transparentpapier,
Kopierpapier oder 1 Bügelstift,
1 Pfriem zum Vorbohren der Bindlöcher,
MEZ-Vierfachstickgarn 20.

Und so wird es gemacht:

Das vollständige Muster auf den Stoff übertragen. Die Bindlöcher mit einem Pfriem vorbohren und aussticken. Den Saum mit Langettenstichen umranden, danach den überstehenden Stoff mit einer spitzen Schere abschneiden.

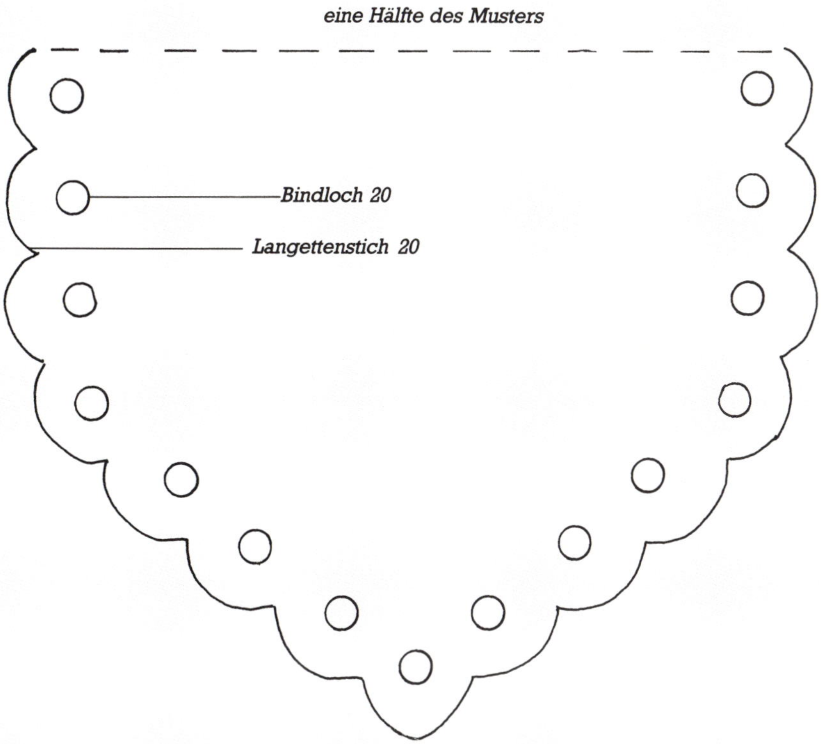

Stilvolles Set mit schlichtem Muster.

Ovales Set

Größe: 17 x 27 cm

Material:

25 x 35 cm Leinen,
Transparentpapier,
1 Pfriem zum Vorbohren der Bindlöcher,
Kopierpapier (oder 1 Bügelstift),
MEZ-Vierfachstickgarn 20.

Und so wird es gemacht:

Das vollständige Muster auf den Stoff zeichnen. Die einzelnen Stickstiche der Musterzeichnung entsprechend aufsticken. Den überstehenden Stoff der Langettenkante nach dem Waschen und Bügeln sorgfältig abschneiden.

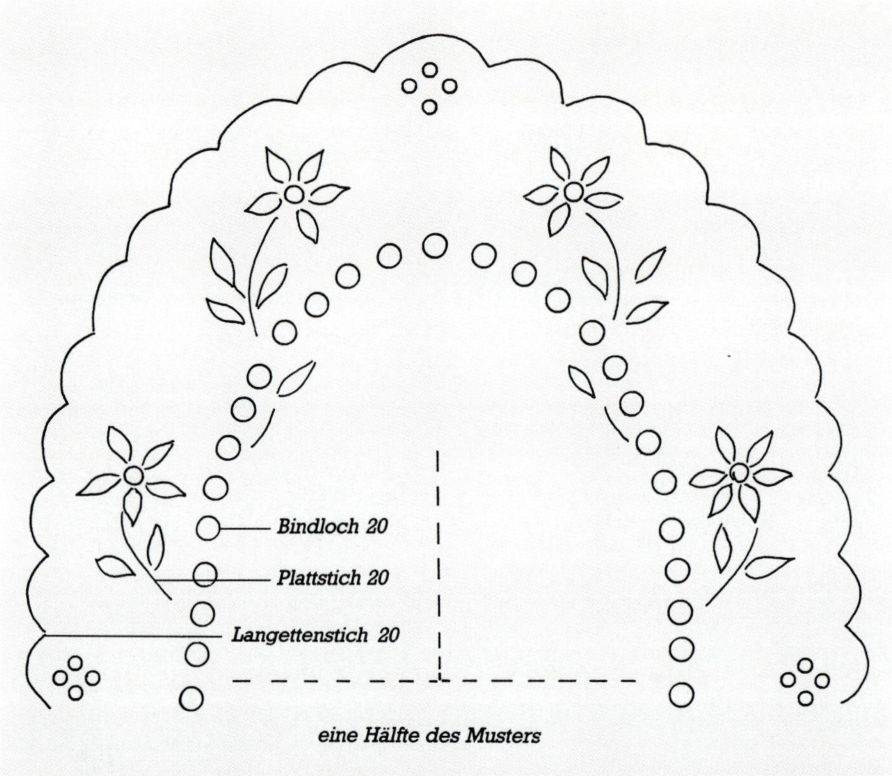

Fein: Tablettdeckchen mit zeitloser Stickerei.

Dekorativ besticktes Blatt

Größe: 30x30 cm

Material:

35x35 cm Leinen,
Transparentpapier,
Kopierpapier (oder 1 Bügelstift),
MEZ-Vierfachgarn 16.

Und so wird es gemacht:

Das Muster auf Seidenpapier zeichnen und mit Hilfe eines Bügelstiftes oder Kopierpapier auf den Stoff übertragen. Die dickeren Blattrippen in Plattstich, die dünneren in Stielstich aufsticken. Abschließend das ganze Blatt mit Langettenstichen umranden.
Nach dem Waschen und Bügeln den überstehenden Stoff der Langettenkante mit einer spitzen Schere abschneiden.

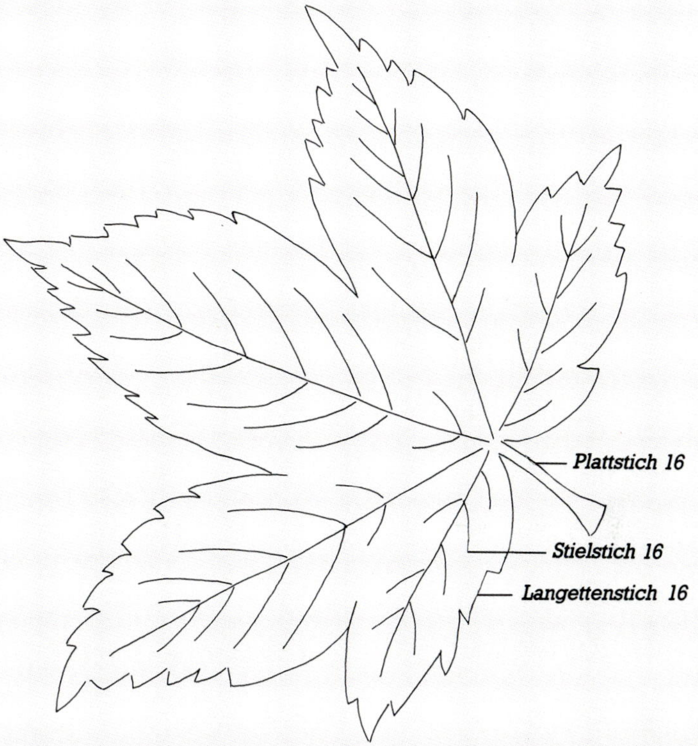

Tolle Stickidee: ein Blatt als Set.

Rechteckiges Deckchen

Größe: 32 x 36 cm

Material:

45 x 50 cm feines Leinen,
Transparentpapier,
Kopierpapier (oder 1 Bügelstift),
MEZ-Vierfachstickgarn 20,
MEZ-Sticktwist.

Und so wird es gemacht:

Die vollständige Musterzeichnung auf den Stoff übertragen, die Schattenlöcher mit Sticktwist unterlegen.

Weitere Anleitung Seite 34.

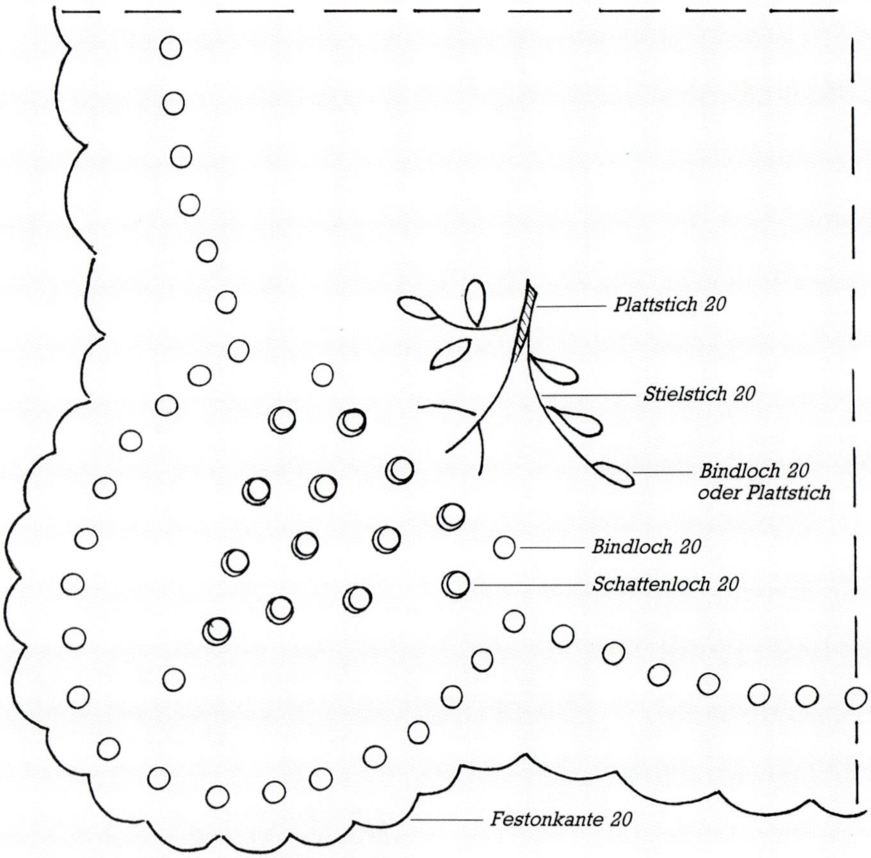

Auf einem Silbertablett kommt das Deckchen besonders gut zur Wirkung.

Ovales Deckchen

Größe: 35x48 cm

Material:

45x60 cm Leinen,
Transparentpapier,
Kopierpapier (oder 1 Bügelstift),
1 Pfriem zum Vorbohren der Bindlöcher,
MEZ-Vierfachstickgarn 12 und 16.

Und so wird es gemacht:

Die vollständige Musterzeichnung auf den Stoff übertragen. Die einzelnen Stiche der Zeichnung entsprechend aufsticken.

Die Stege in der Musterzeichnung, die im Original in Stielstich gestickt sind, können auch mit einem Langettenstich ausgestickt werden. Danach wird der dazwischenliegende Stoff ausgeschnitten. Deckchen waschen und feucht von links bügeln.

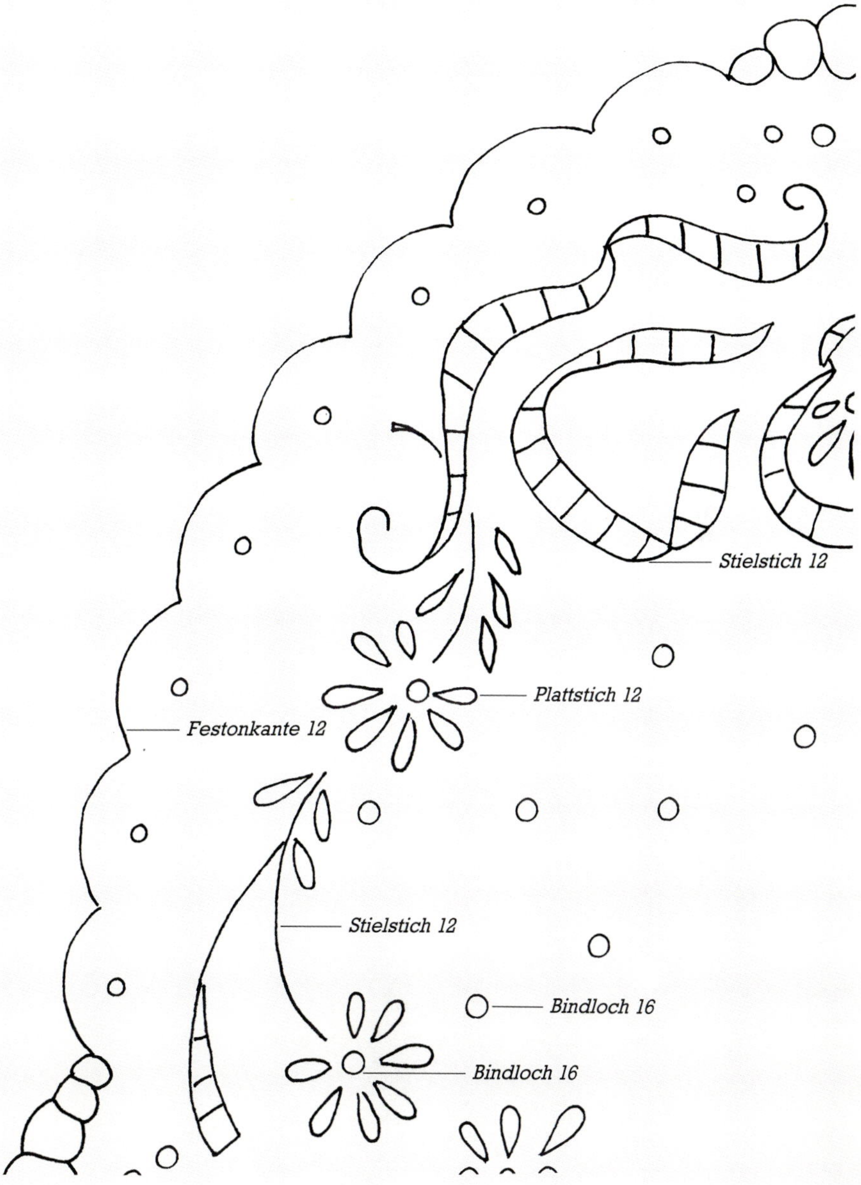

So sieht das Deckchen fertig gestickt aus.

Sets in zwei verschiedenen Größen

Größe:
Rechteckiges Set: 40x30 cm
Quadratisches Set: 25x25 cm

Material:

50x40 cm Leinen/
35x35 cm Leinen,
Transparentpapier,
Kopierpapier (oder 1 Bügelstift),
1 Pfriem zum Vorbohren der Bindlöcher,
MEZ-Vierfachstickgarn 16 oder 20.

Und so wird es gemacht:

Das vollständige Muster zunächst auf Seidenpapier aufzeichnen und auf den Stoff übertragen.
Die einzelnen Stickstiche der Musterzeichnung entsprechend aufsticken.
Den überstehenden Stoff des Langettensaumes nach dem Waschen und Bügeln sorgfältig abschneiden.
Als Randbefestigung ist auch ein Hohlsaum geeignet, für den eine extra Stoffzugabe zu berücksichtigen ist.

Einmal als Rechteck, einmal als Quadrat: zwei Sets mit gleichem Muster.

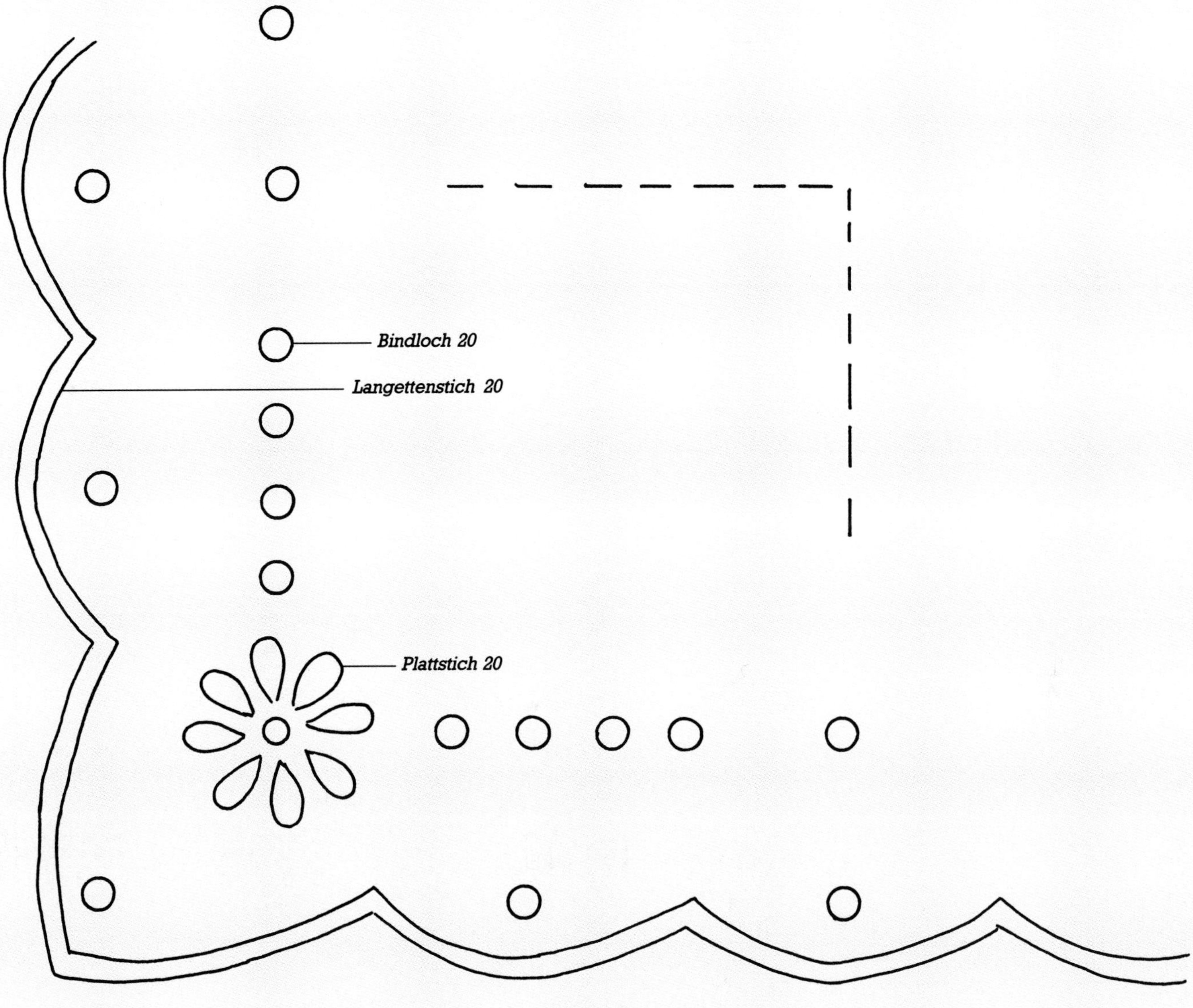

ein Viertel des Musters

Sets mit grün bestickten Motiven

Größe:
Set: 35x46 cm
Serviette: 40x40 cm

Material:

45x55 cm Leinen für 1 Set,
50x50 cm Leinen für 1 Serviette,
Transparentpapier,
Kopierpapier (oder 1 Bügelstift),
MEZ-Vierfachstickgarn 16 grün.

Und so wird es gemacht:

Das vollständige Muster der Efeuranke auf Seidenpapier aufzeichnen und 1 cm von der Saumlinie entfernt auf die Mitte des Sets übertragen.
Das Jagdhornmotiv in einer Ecke des Sets und der Serviette anbringen. Die Stickerei der Musterzeichnung entsprechend ausführen.
Einen 2 cm breiten Saum anbringen.
Die fertige Stickerei von links feucht bügeln.

Für eilige Stickerinnen: Sets mit passender Serviette.

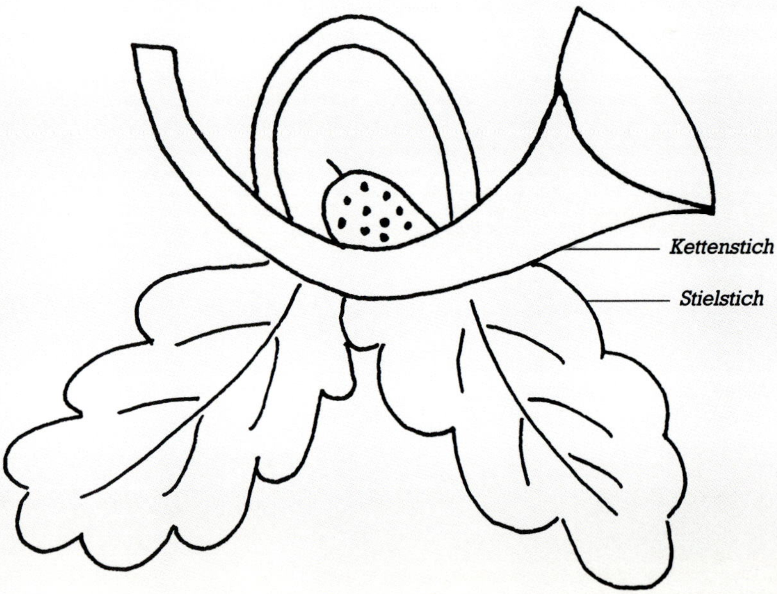

Stielstich
Kettenstich
eine Hälfte des Musters

Set mit Weintrauben-muster

Größe: 48x36 cm

Material:

50x60 cm Leinen,
Transparentpapier,
Kopierpapier (oder 1 Bügelstift),
MEZ-Vierfachstickgarn 16.

Und so wird es gemacht:

Das vollständige Muster auf Seidenpapier zeichnen und auf den Stoff übertragen. Die Weinlaubblätter zuerst mit einem Stielstich und anschließend mit einem Kettenstich umranden.
Einen 2 cm breiten Saum anbringen. Dazu zwei Gewebefäden ausziehen, die Ecken als Briefecken umlegen und mit Hohlsaumstichen befestigen.
Das fertige Set von links feucht bügeln.

Weinlaubmuster auf einem Set.

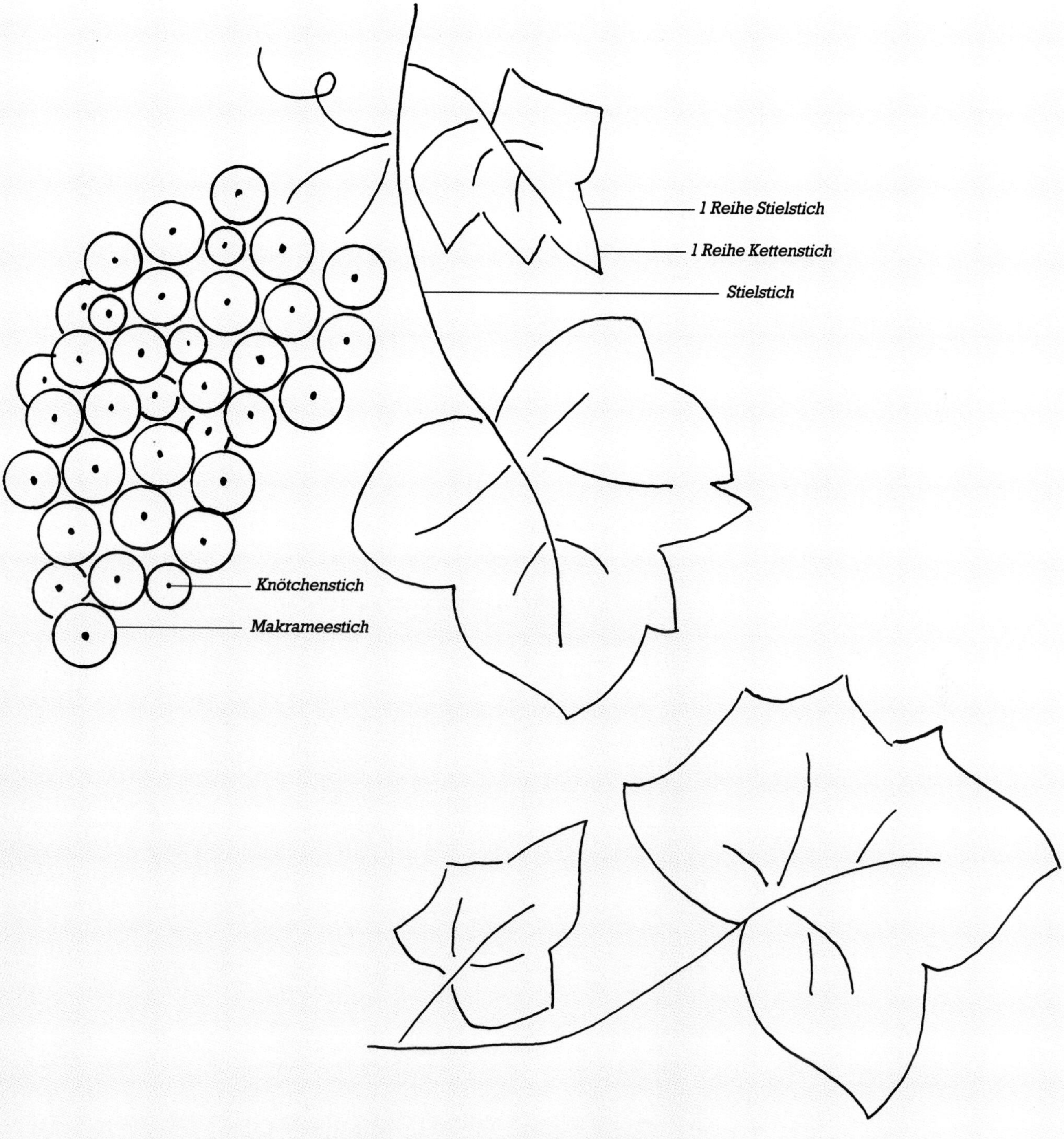
1 Reihe Stielstich
1 Reihe Kettenstich
Stielstich
Knötchenstich
Makrameestich

Set mit passender Serviette

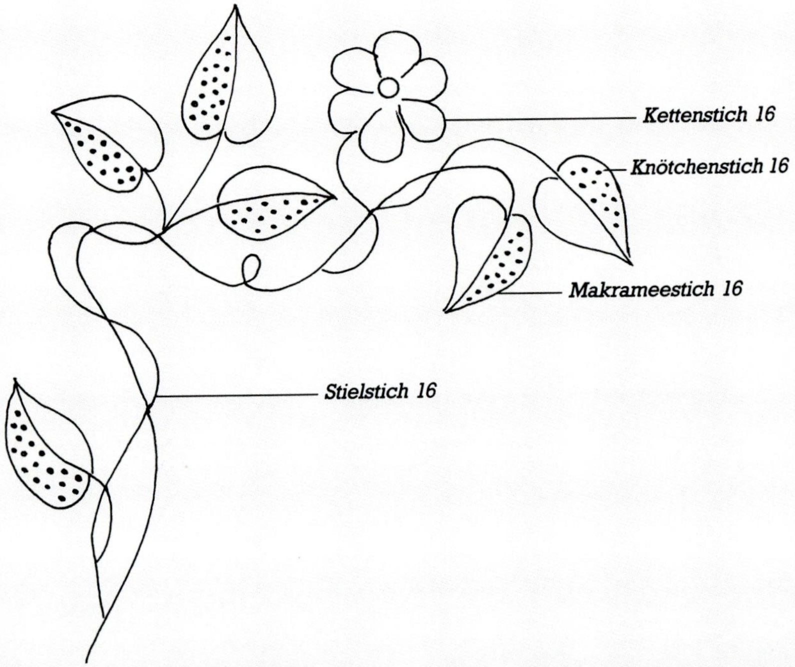

Größe:
Set: 35x45 cm
Serviette: 40x40 cm

Material:

45x55 cm Leinen für 1 Set,
50x50 cm Leinen für 1 Serviette,
Transparentpapier,
Kopierpapier (oder 1 Bügelstift),
MEZ-Vierfachstickgarn 16 beige oder weiß,
1 Pfriem.

Und so wird es gemacht:

Das Muster jeweils in einer Ecke auf den Stoff übertragen. Dazu vorher die Saumlinien festlegen. Die Stickerei mit den verschiedenen Stickstichen fertigstellen.
Für den ca. 2 cm breiten Saum Briefekken anbringen und diesen entweder mit Hohlsaumstichen oder einem Plattstich befestigen.
Die fertige Handarbeit von links feucht bügeln.

Für den schön gedeckten Tisch: Set mit passender Serviette.

Rundes Deckchen

Größe: ∅ 35 cm

Material:

40x40 cm mittelfeines Leinen,
Transparentpapier,
Kopierpapier (oder 1 Bügelstift),
1 Pfriem zum Vorbohren der Bindlöcher,
MEZ-Vierfachstickgarn 16 oder 20.

Und so wird es gemacht:

Das vollständige Muster auf den Stoff übertragen.
Die Bindlöcher der Musterzeichnung entsprechend aufsticken. Den Rand mit Langettenstichen aussticken.
Nach dem Waschen und Bügeln den überstehenden Stoff sorgfältig abschneiden.

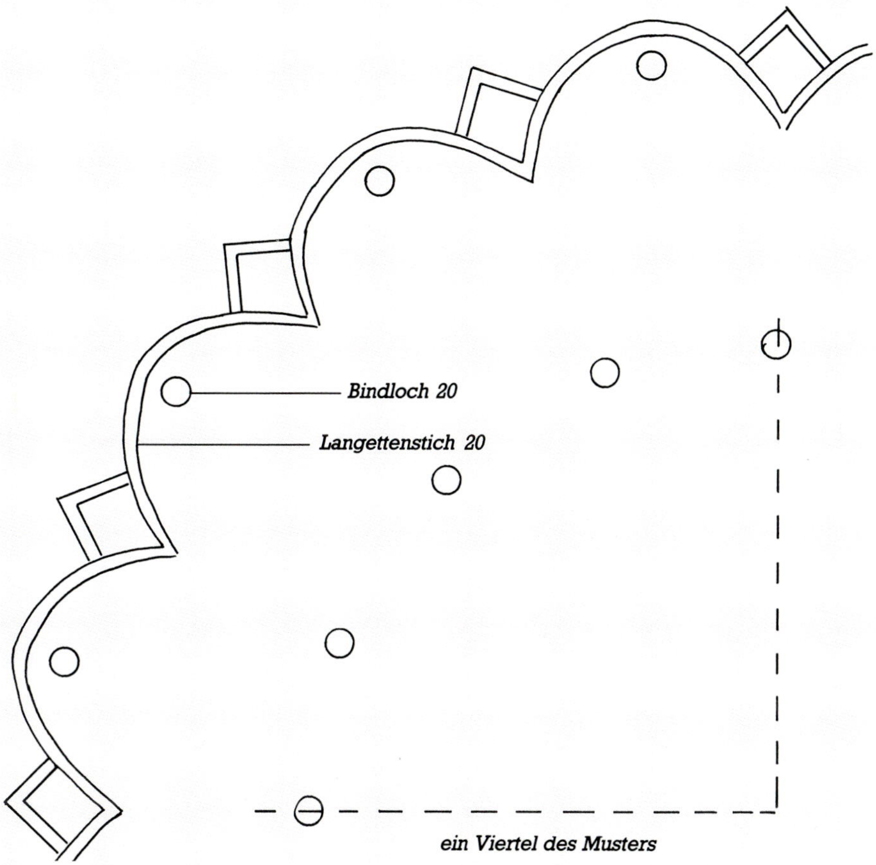

ein Viertel des Musters

Einfach toll, was man aus Leinenresten alles zaubern kann.

Mitteldecke mit Efeu-Borte

Größe: 60x60 cm

Material:

75x75 cm Leinen,
Transparentpapier,
Kopierpapier (oder 1 Bügelstift),
MEZ-Vierfachstickgarn 16.

Und so wird es gemacht:

Mittel- und Diagonallinien in den fadengerade abgeschnittenen Stoff bügeln. Das vollständige Muster abbildungsgemäß auf Seidenpapier vorzeichnen und mit Hilfe eines Bügelstiftes oder Kopierpapier auf das Leinen übertragen.
Die Stickerei der Musterzeichnung entsprechend aufsticken. Einen 3 cm breiten Saum anbringen und mit einem Hohlsaum befestigen.
Die fertige Decke waschen und von links feucht bügeln.

Vielfältig zu verwenden ist diese schlichte Leinendecke.

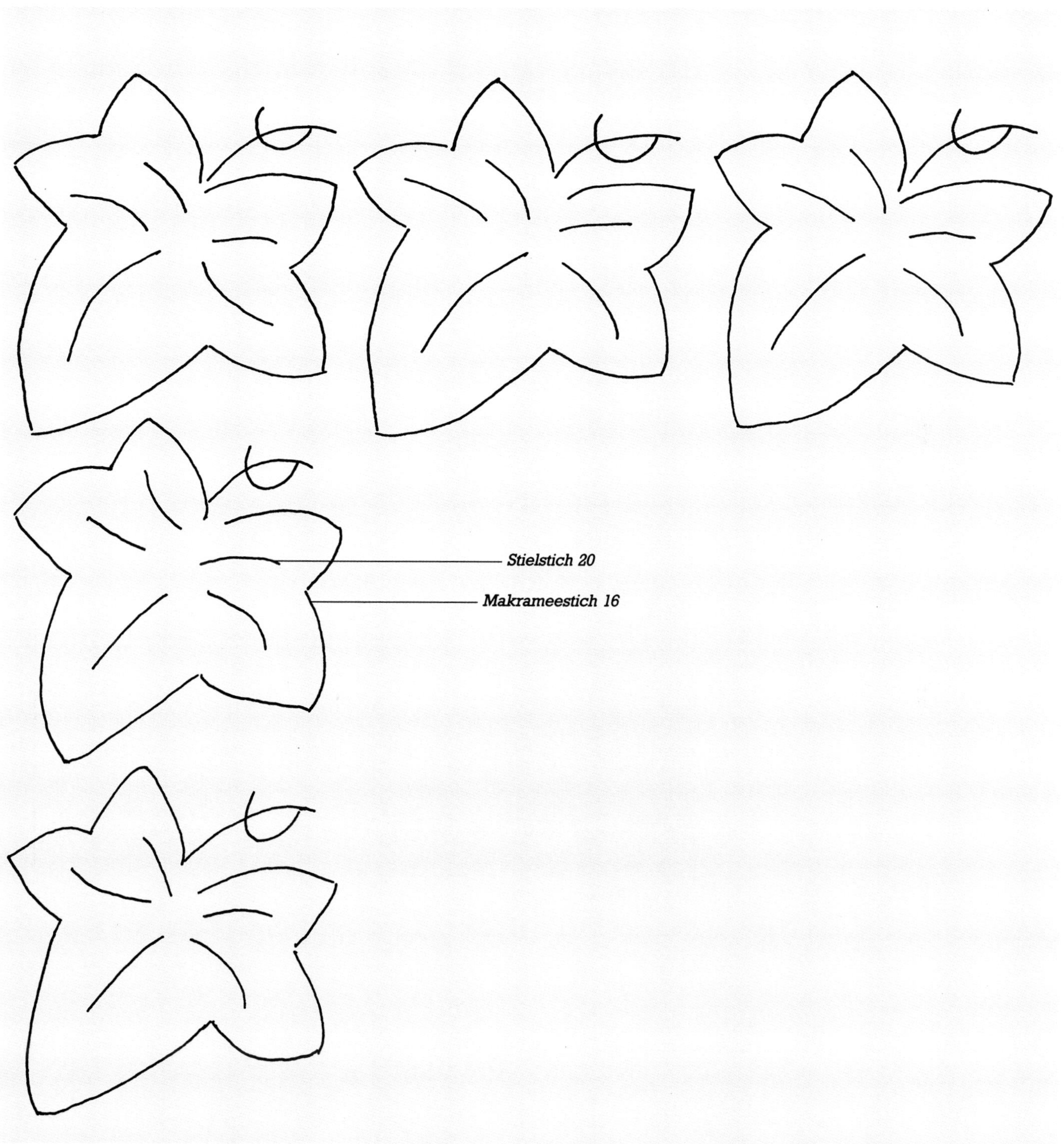
Stielstich 20
Makrameestich 16

Mitteldecke mit Rankenmuster

Größe: 55x55 cm

Material:

70x70 cm mittelfeines Leinen,
Transparentpapier,
Kopierpapier (oder 1 Bügelstift),
1 Pfriem zum Vorbohren der Bindlöcher,
MEZ-Vierfachstickgarn 16 und 20.

Und so wird es gemacht:

Das vorgezeichnete Muster vollständig auf Seidenpapier übertragen und auf den Stoff zeichnen.
Die Bindlöcher mit Stickgarn 20 und die Ranken mit 16 aufsticken.
Einen 3 cm breiten Hohlsaum anfertigen.
Die Decke waschen und von links feucht bügeln.

Mitteldecke mit einem raffinierten Rankenmuster.

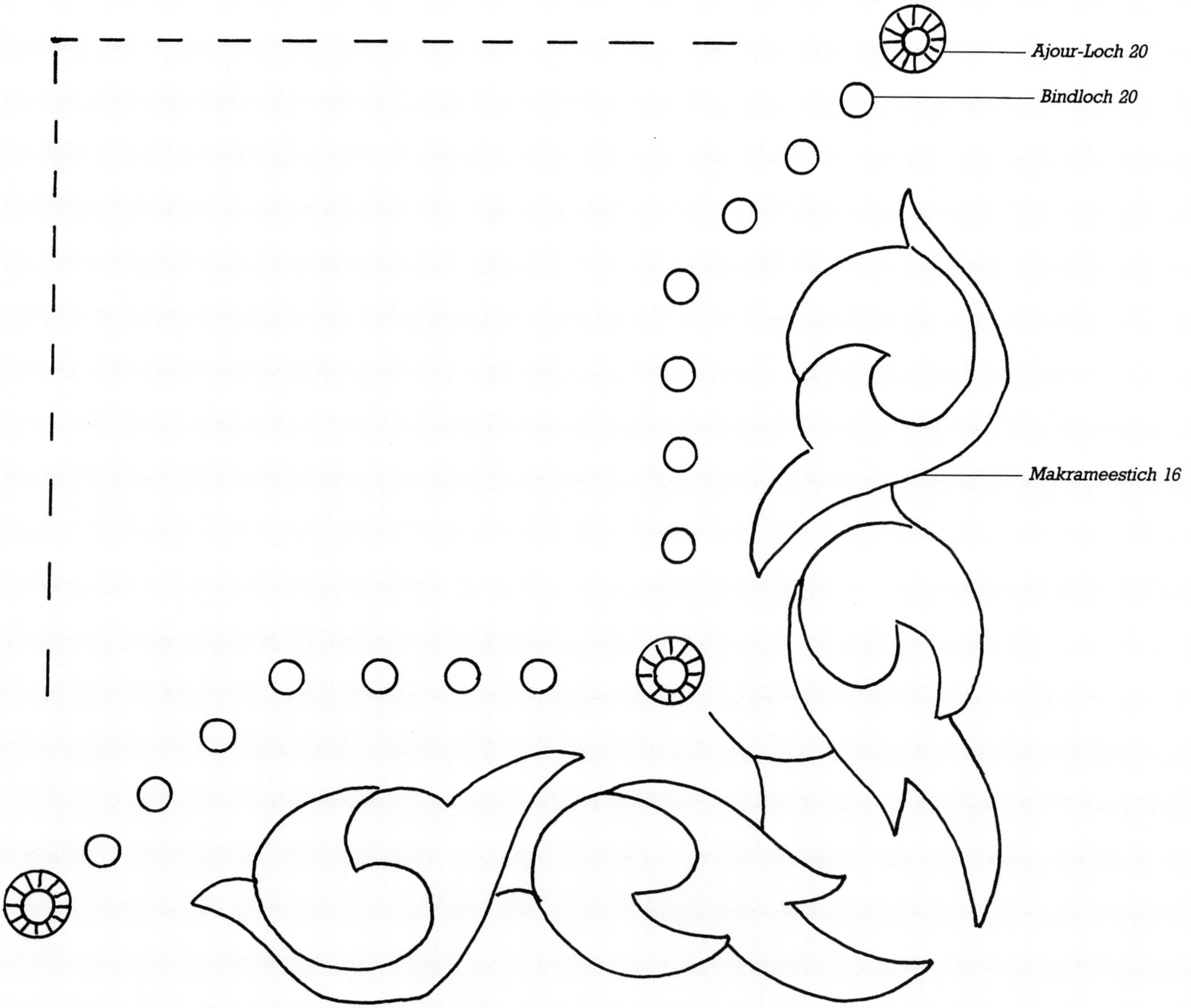

ein Viertel des Musters

Mitteldecke mit Häkelspitze

Größe: 80x80 cm

Material:

70x70 cm Leinen,
Transparentpapier,
Kopierpapier (oder 1 Bügelstift),
1 Pfriem zum Vorbohren der Bindlöcher,
MEZ-Vierfachstickgarn 20.

Und so wird es gemacht:

Das vorgezeichnete Muster vollständig auf Seidenpapier übertragen und auf den Stoff zeichnen. Die einzelnen Stickstiche der Musterzeichnung entsprechend aufsticken. Weitere Anleitung siehe Seite 34.

Die Häkelborte der abgebildeten Decke stammt aus einem alten Kopfkissen, sie wurde mit Langettenstichen am Stoff befestigt. Als Randbefestigung ist auch ein Hohlsaum geeignet, für den eine extra Stoffzugabe zu berücksichtigen ist.

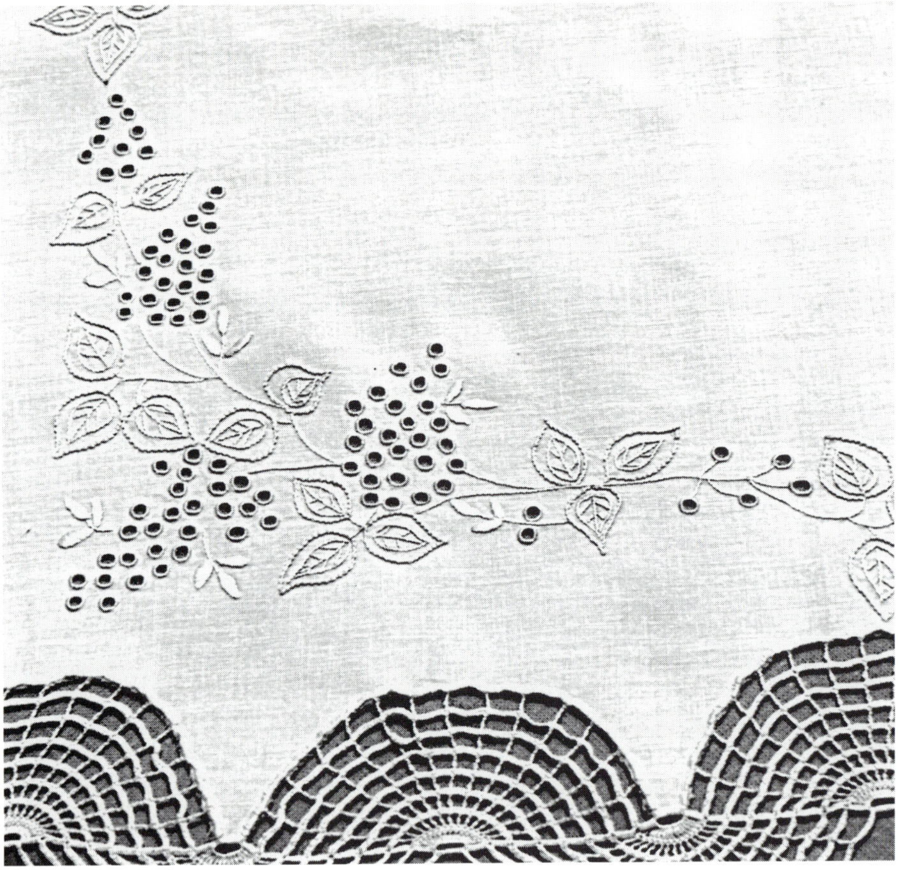

Mitteldecke mit einer Häkelborte aus Großmutters Zeiten.

Das kleine Foto zeigt Ihnen die Mitteldecke mit Häkelspitze in ihrer ganzen Pracht.

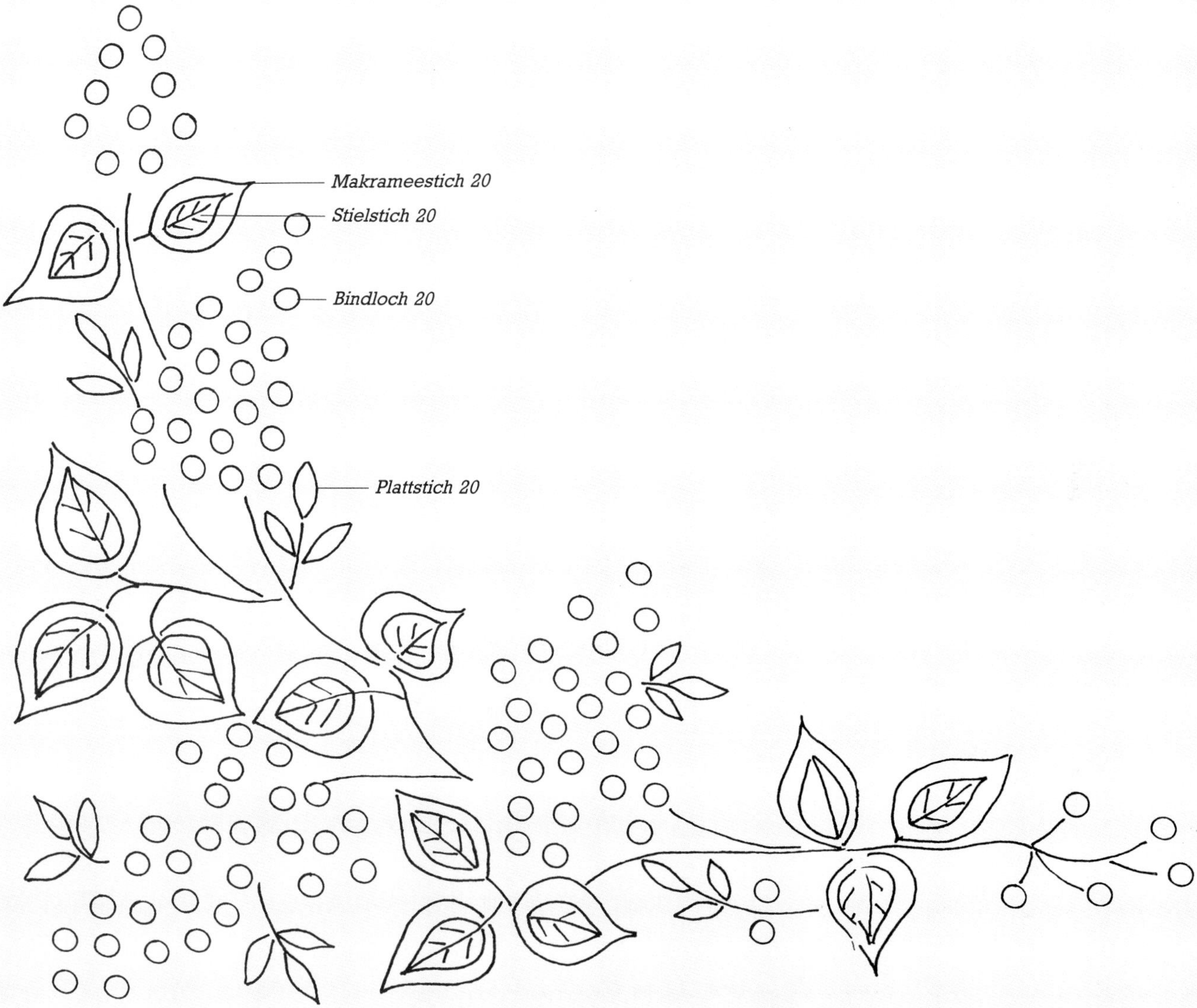
Makrameestich 20
Stielstich 20
Bindloch 20
Plattstich 20

Mitteldecke

Größe: 60x60 cm

Material:

70x70 cm Leinen,
Transparentpapier,
Kopierpapier (oder 1 Bügelstift),
1 Pfriem zum Vorbohren der Bindlöcher,
MEZ-Vierfachstickgarn 12.

Und so wird es gemacht:

Mittel- und Diagonallinie festlegen und in den Stoff einbügeln.

Das Muster in den vier Ecken anbringen, dazu die vier Einzelblüten 18 cm vom Rand entfernt aufzeichnen. Die Stickstiche der Musterzeichnung entsprechend aufsticken. Den Saum mit Langettenstichen aussticken und nach dem Waschen und Bügeln den überstehenden Stoff sorgfältig abschneiden.

Wollen Sie einen Hohlsaum anbringen, so ist dafür die entsprechende Stoffzugabe zu berücksichtigen.

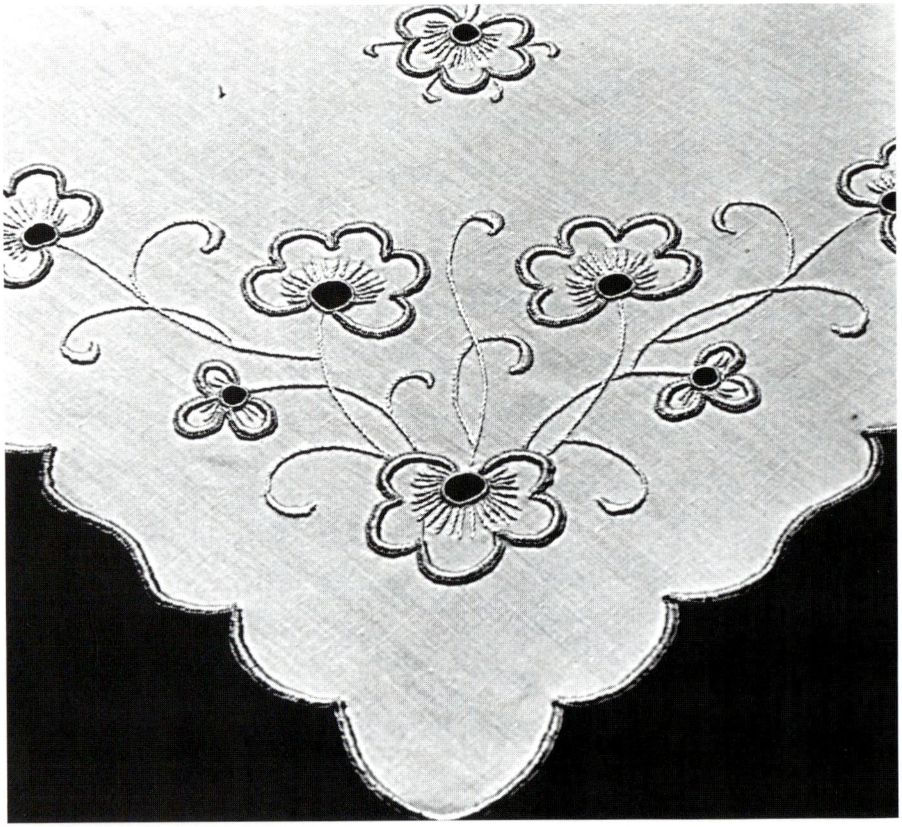

Statt der Blindlöcher können Sie auch Ajour-Löcher sticken.

Diese Mitteldecke wurde mit beigefarbigem MEZ-Vierfachstickgarn bestickt und mit Festonbogen eingefaßt.

Stielstich 12
Ajour-Loch 12
Stielstich 12
Kettenstich 12
Makrameestich 12
oder Langettenstich 12

Mitteldecke mit Efeublättern

Größe: 75x75 cm

Material:

95x95 cm Leinen,
Transparentpapier,
Kopierpapier (oder 1 Bügelstift),
1 Pfriem,
MEZ-Vierfachstickgarn 12 und 16.

Und so wird es gemacht:

Stoffmitte und Diagonalen des Leinens festlegen und einbügeln. Das Muster in den vier Ecken 15 cm vom Rand entfernt aufzeichnen. Die einzelnen Stickstiche der Musterzeichnung entsprechend aufsticken.

Eine 3 cm breiten Hohlsaum anbringen. Die Decke waschen und von links feucht bügeln.

Mitteldecke mit Efeublättern, die im Makrameestich ausgestickt sind.

Das Muster dieser Efeuranke läßt sich beliebig verlängern.

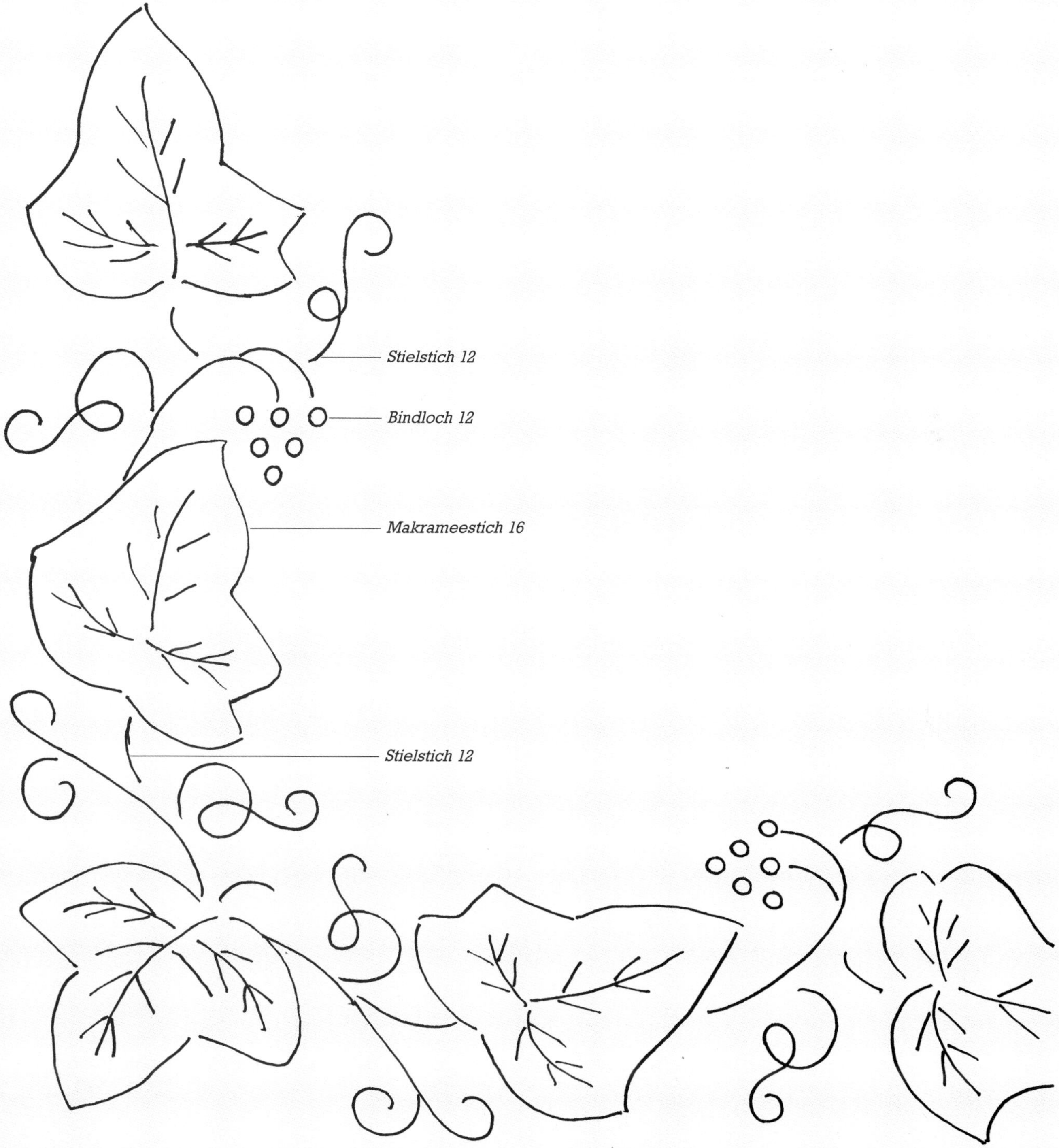
Stielstich 12
Bindloch 12
Makrameestich 16
Stielstich 12

Mitteldecke

Größe: 70x70 cm

Material:

90x90 cm grobes Leinen,
Transparentpapier,
Kopierpapier (oder 1 Bügelstift),
1 Pfriem für die Ajour-Löcher,
MEZ-Vierfachstickgarn 12 und 16.

Und so wird es gemacht:

Mittel- und Diagonallinien in den fadengerade abgeschnittenen Stoff bügeln. Das Muster in die Stoffmitte und Ecken übertragen. Die Stickerei der Musterzeichnung entsprechend anfertigen.

Einen 3 cm breiten Hohlsaum anbringen.

Mitteldecke mit einem geometrischen Muster in der Mitte, in den Ecken jeweils nur zu einem Viertel angeordnet.

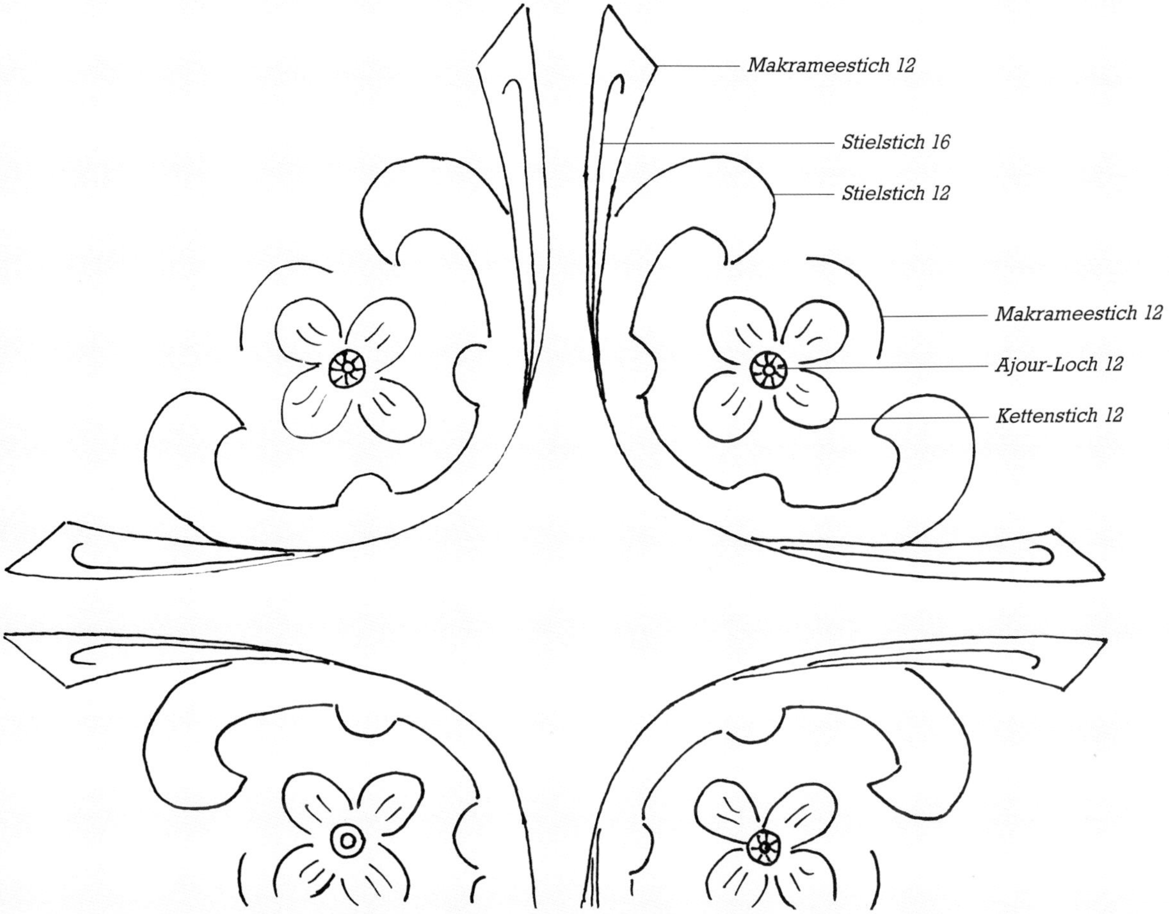
Makrameestich 12
Stielstich 16
Stielstich 12
Makrameestich 12
Ajour-Loch 12
Kettenstich 12

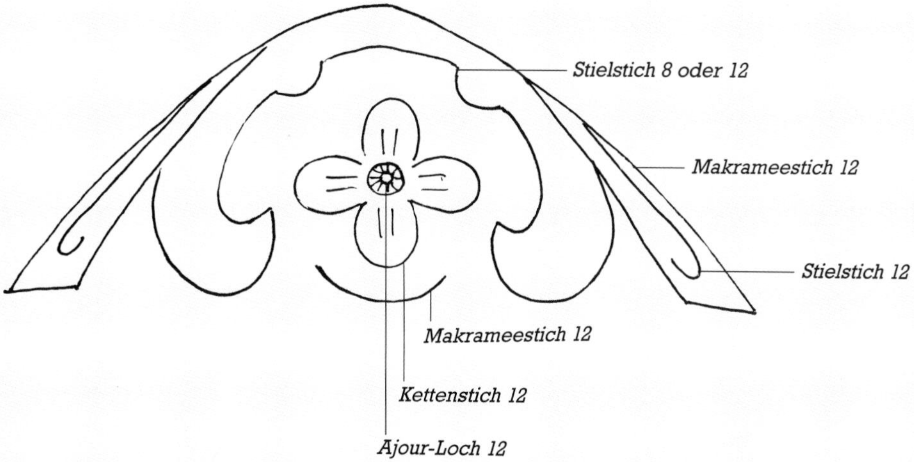
Stielstich 8 oder 12
Makrameestich 12
Stielstich 12
Makrameestich 12
Kettenstich 12
Ajour-Loch 12

Decke aus Leinenhand-tüchern

Größe: 100 x 100 cm

Material:

2 Handtücher je 40 x 90 cm, Transparentpapier, Kopierpapier (oder 1 Bügelstift), MEZ-Vierfachstickgarn 12 und 16, Häkelgarn oder Fertigspitze für die Borte.

Und so wird es gemacht:

Auf jedes Handtuch ein Ährenmotiv aufzeichnen.

Die einzelnen Stickstiche der Musterzeichnung entsprechend aufsticken.

Die beiden Handtücher mit einer Häkelborte verbinden und umranden. Bereits eingestickte Monogramme sollten Sie als zusätzlichen Schmuck in den Handtüchern belassen.

Für die Halme können Sie an Stelle des Makrameestiches auch den Stielstich sticken.

Tischdecke aus 2 Leinen-Handtüchern angefertigt, mit einer Häkelborte verbunden und umrandet.

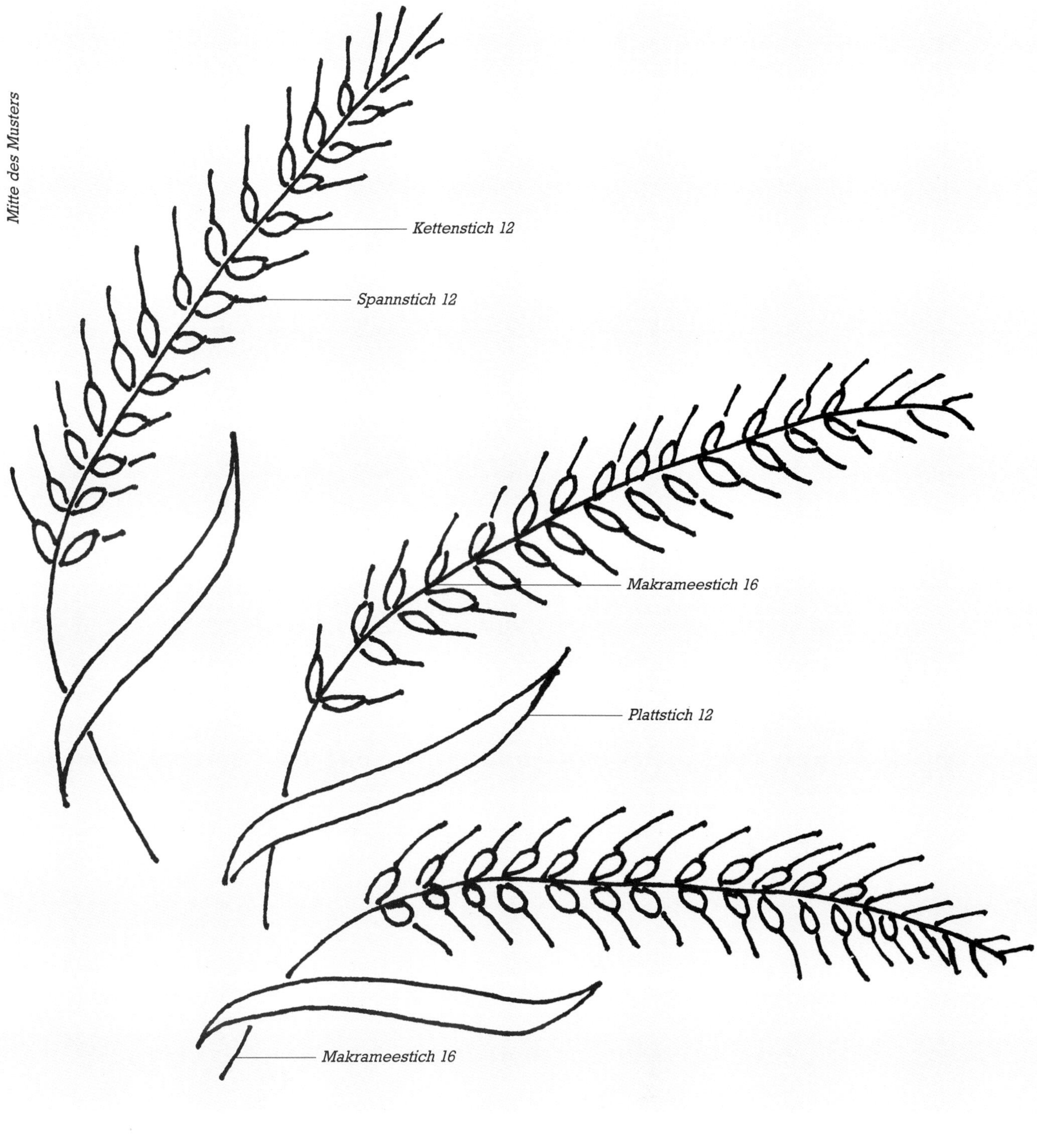
Mitte des Musters
Kettenstich 12
Spannstich 12
Makrameestich 16
Plattstich 12
Makrameestich 16

Tischläufer

Größe: 50x100 cm

Material:

65x115 cm Leinen,
Transparentpapier,
Kopierpapier oder 1 Bügelstift,
1 Pfriem zum Vorbohren der Bindlöcher,
MEZ-Vierfachstickgarn 16.

Und so wird es gemacht:

Die vollständige Musterzeichnung zuerst auf Seidenpapier und anschließend auf den Leinenstoff übertragen.
Die Stickerei der Musterzeichnung entsprechend aufsticken.
Einen 3 cm breiten Saum umlegen und diesen mit Hohlsaumstichen befestigen.
Den Läufer waschen und von links feucht bügeln.

Tischläufer sind ebenso vielfältig verwendbar wie Mitteldecken.

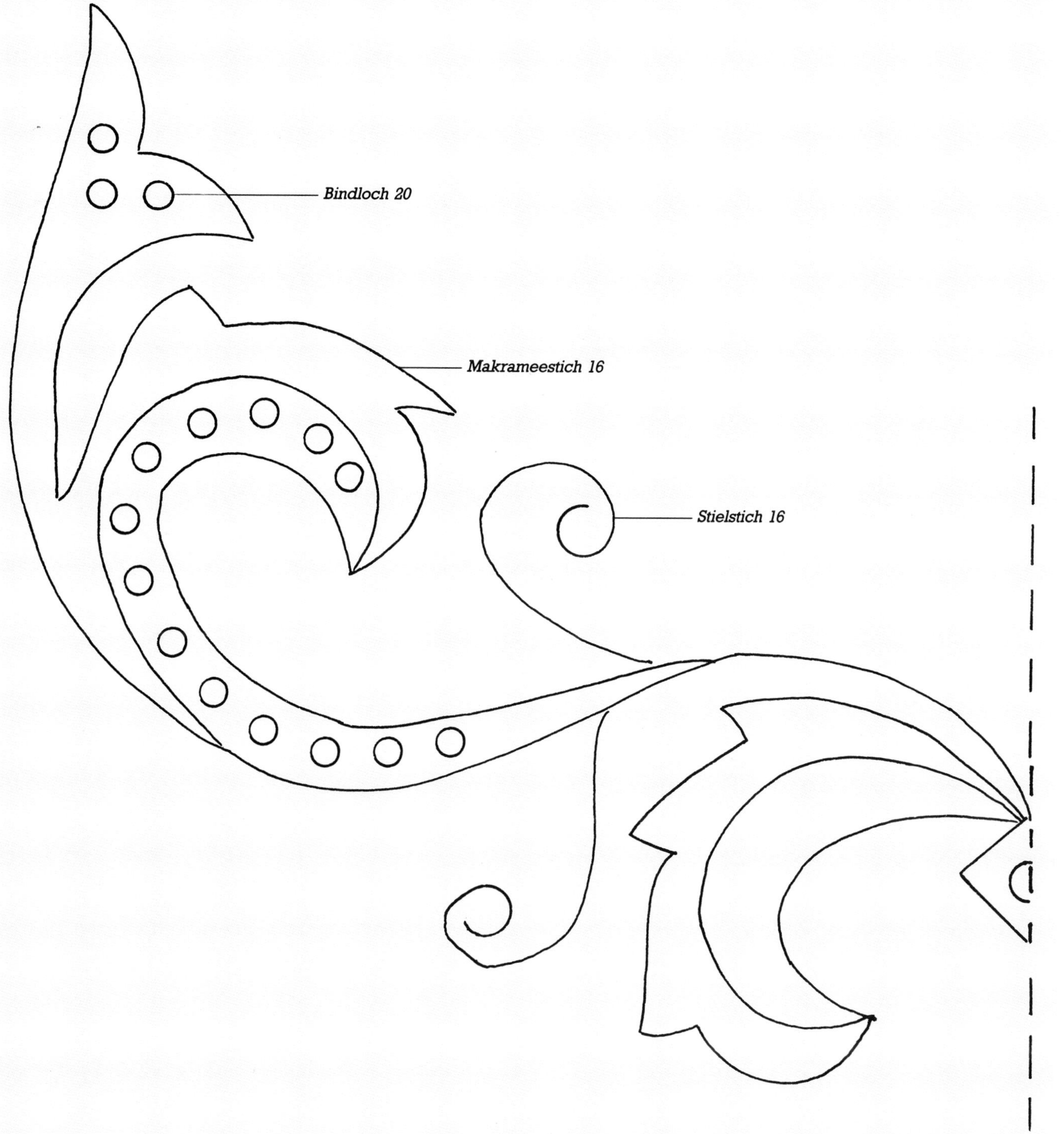
Bindloch 20
Makrameestich 16
Stielstich 16

Tischläufer

Größe: 52x95 cm

Material:

75x110 cm Leinen,
Transparentpapier,
Kopierpapier (oder 1 Bügelstift),
1 Pfriem zum Vorbohren der Bindlöcher,
MEZ-Vierfachstickgarn 16.

Und so wird es gemacht:

Die vollständige Musterzeichnung zuerst auf Seidenpapier und anschließend auf den Leinenstoff übertragen. Die einzelnen Stiche der Zeichnung entsprechend aufsticken.
Einen 3 cm breiten Saum umlegen und an der äußeren gestickten Linie mit Heftstichen befestigen.
Den Läufer waschen und von links bügeln.
Das Muster dieses Tischläufers eignet sich auch gut für eine quadratische Decke.

Das Muster dieses rustikalen Läufers können Sie auch auf eine Mitteldecke sticken.

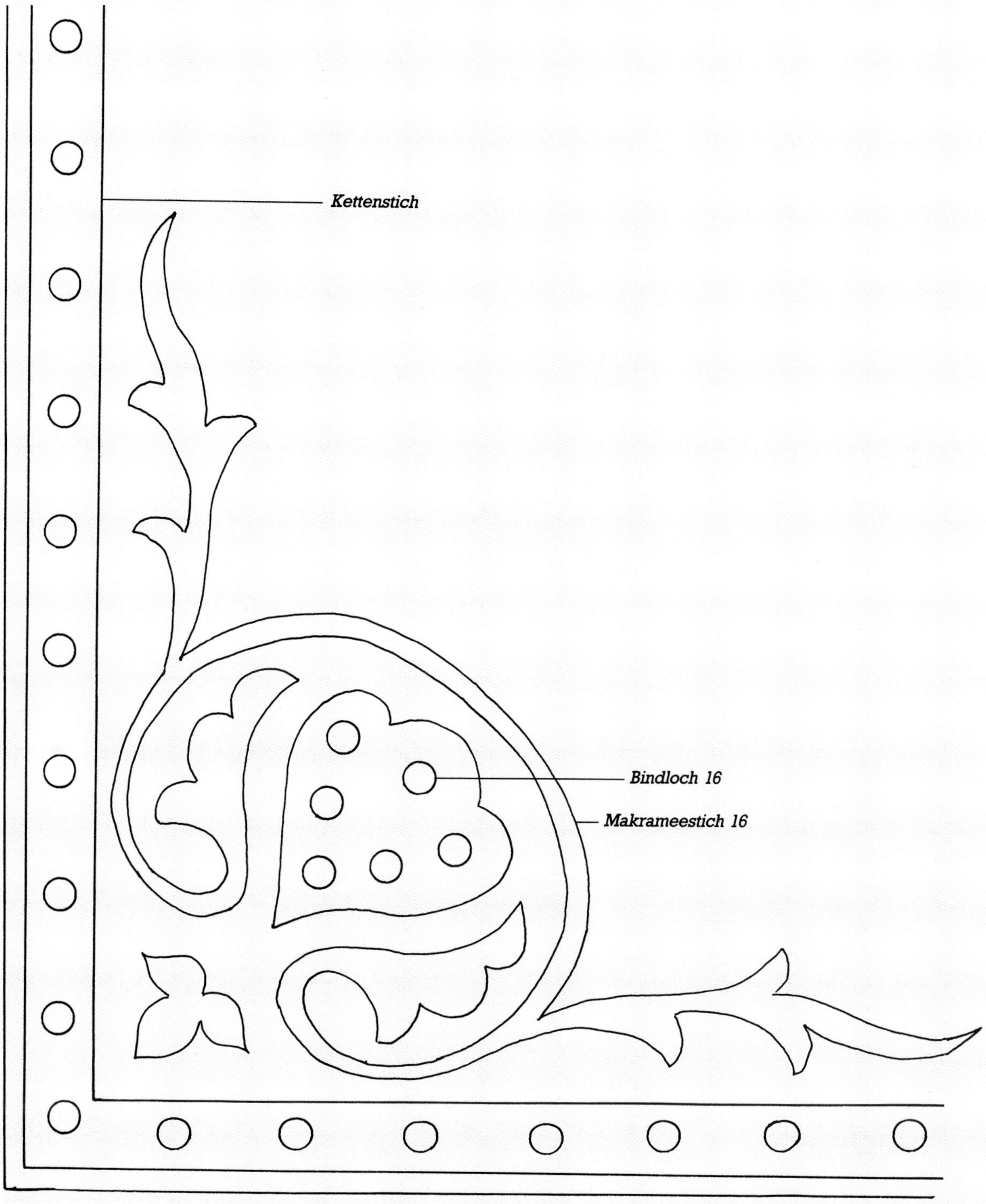
Kettenstich
Bindloch 16
Makrameestich 16

Tischdecke mit Blüten

Größe: 150x150 cm

Material:

165x165 cm Leinen,
Transparentpapier,
Kopierpapier (oder 1 Bügelstift),
MEZ-Vierfachstickgarn 16.

Und so wird es gemacht:

Den Stoff zweimal fadengerade zusammenlegen und die sich dabei ergebende Ecke als Mittelpunkt der Decke markieren.

In der Mitte einen Kreis von 46 cm Durchmesser aufzeichnen, und drumherum die einzelnen Blüten anordnen. Es ist angebracht, das vollständige Muster vorher auf Seidenpapier aufzuzeichnen und anschließend auf die Decke zu übertragen. Die Kreislinie wird abwechselnd mit je einem kleinen und großen Plattstichkreis bestickt. Die übrigen Stickstiche abbildungsgemäß aufsticken.

Die Festonkante aussticken. Die Decke waschen und von links feucht bügeln. Danach den überstehenden Stoff der Festonkante mit einer spitzen Schere sorgfältig abschneiden.

Diese Decke können Sie auch sehr gut mit einem Hohlsaum verzieren. Dabei die entstehende Stoffzugabe beachten. Die Lochreihen sind in der Musterzeichnung nicht abgebildet.

Tischdecke mit reicher Blütenstickerei.

Hier können Sie das einzelne Blütenornament noch besser erkennen.

Stielstich
Plattstich
Langettenstich
Bindloch

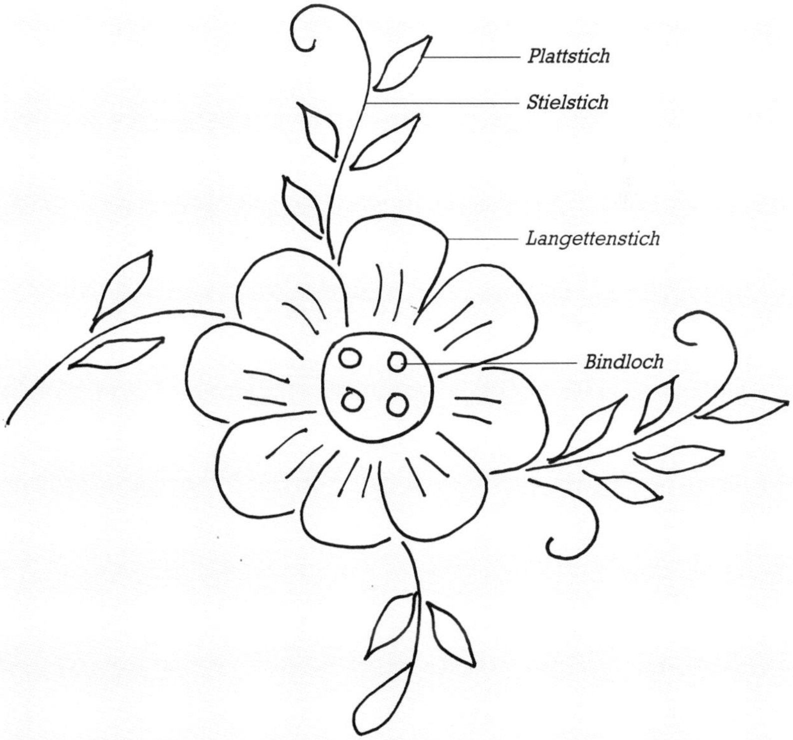
Plattstich
Stielstich
Langettenstich
Bindloch

Runde Decke mit Blütenrispen

Größe: ∅ 140 cm

Material:

150x150 cm Leinen,
Transparentpapier,
Kopierpapier (oder 1 Bügelstift),
MEZ-Vierfachstickgarn 12, 16 und 20.

Und so wird es gemacht:

Mit einem Radius von 75 cm den Stoff zuschneiden und zweimal fadengerade zusammenlegen. Die sich dabei ergebende Ecke als Mittelpunkt der Decke markieren.

Von der Mitte aus einen Kreis mit einem Durchmesser von 36 cm festlegen, den Sie abwechselnd mit kleinen und großen Plattstichkreisen besticken. Diesen Kreis zeichnen Sie am besten mit vollständig angeordneten Blütenrispen auf Seidenpapier und übertragen ihn dann erst auf den Stoff. Die Decke wird mit einer Festonkante gesäumt, den dabei überstehenden Stoff nach dem Waschen und Bügeln vorsichtig abschneiden.

Edles Porzellan kommt auf dieser weiß bestickten Decke gut zur Geltung.

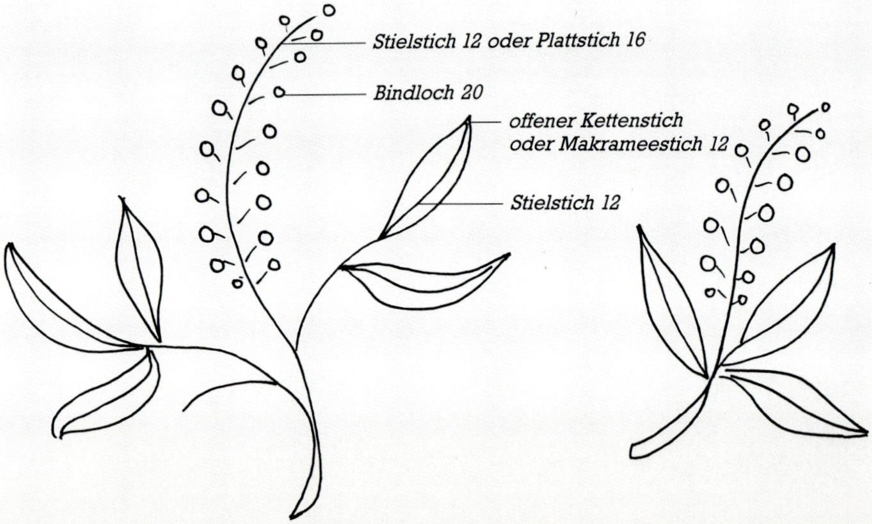

Die Blätter sticken Sie in einem offenen Kettenstich aus.

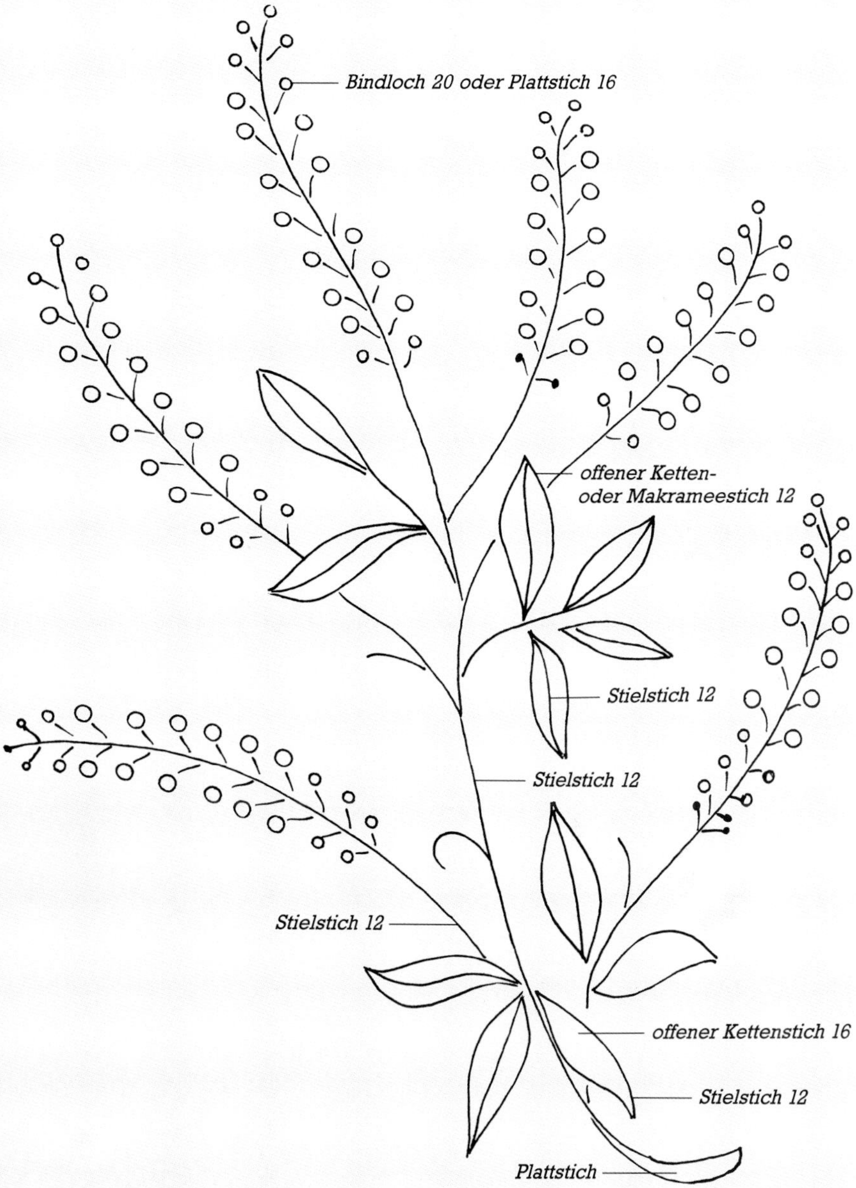

Leinendecke

Größe: ⌀ 145 cm

Material:

160x160 cm Leinen,
Transparentpapier,
Kopierpapier (oder 1 Bügelstift),
MEZ-Vierfachstickgarn 12 und 16
in Weiß und Hellbraun.

Und so wird es gemacht:

Mit einem Radius von 75 cm den Stoff rund zuschneiden (siehe Seite 13).

Die Decke zweimal fadengerade zusammenlegen und die sich dabei ergebende Ecke als Mittelpunkt markieren. Das Viertel des Musters zu einem vollständigen Kreis aufzeichnen und auf den Stoff übertragen. Auf der Musterzeichnung ist nur der innere Kreis vorgegeben. Die Stickerei der Abbildung entsprechend anfertigen.

Die Bogen für die Festonkante mit Hilfe eines Wasserglases vorzeichnen und aussticken.

Die fertige Decke waschen und von links feucht bügeln. Danach den überstehenden Stoff der Festonkante mit einer spitzen Schere sauber abschneiden.

Diese Decke können Sie auch quadratisch und mit einem Hohlsaum anfertigen.

Runde Tischdecke mit schöner Festonkante eingefaßt.

Sie erkennen hier einen Ausschnitt des Kreismusters. Unten ist zu erkennen, wie das Muster angesetzt wird.

ein Viertel des Musters für den inneren Kreis

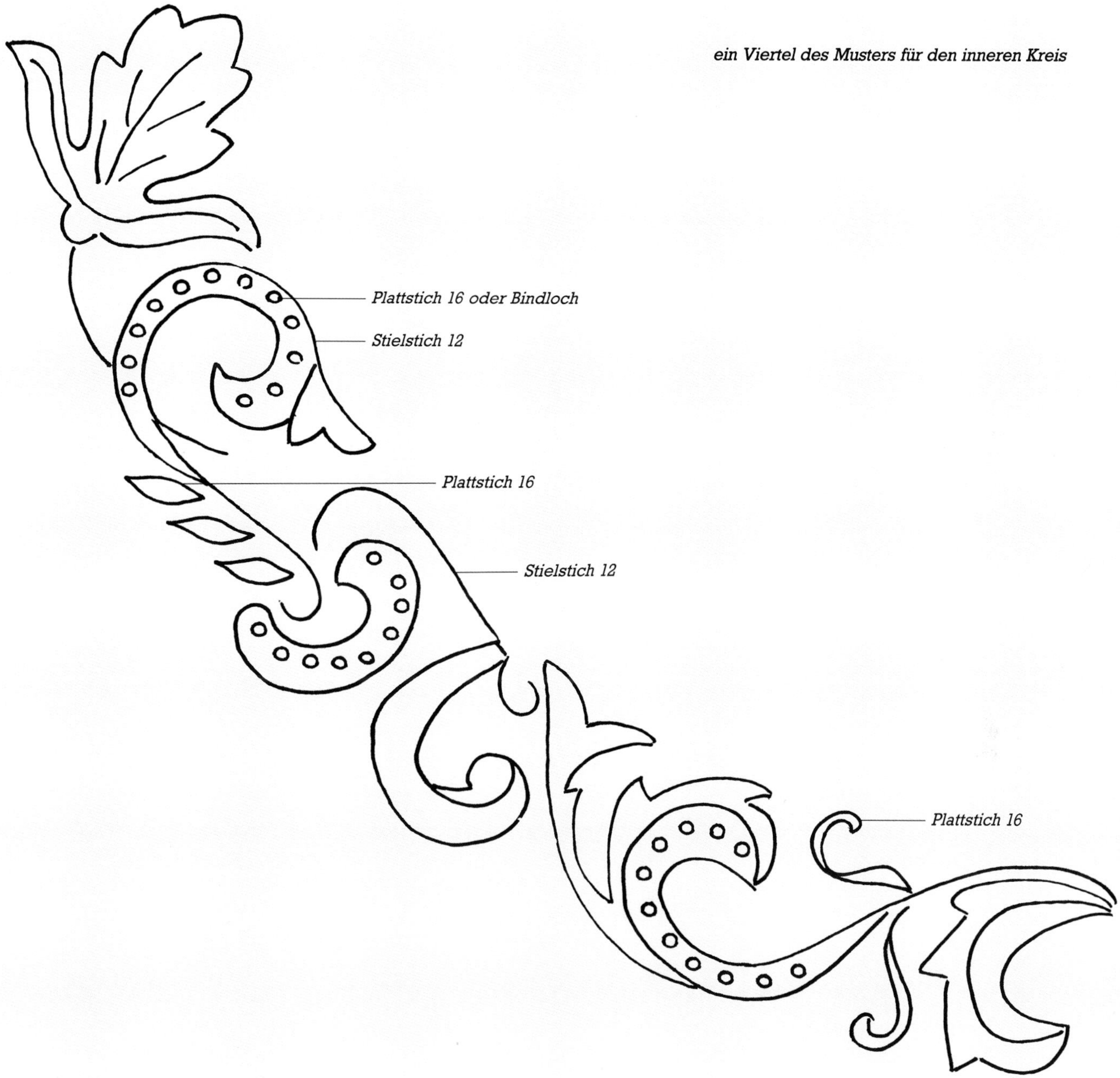

Tischdecke mit aufgesticktem Rechteck

Größe: ca. 130x185 cm

Material:

140x190 cm Leinen,
Transparentpapier,
Kopierpapier (oder 1 Bügelstift),
1 Pfriem,
MEZ-Vierfachstickgarn 12 und 16,
Leinenhäkelgarn für den Saum.

Und so wird es gemacht:

Das Leinen fadengerade abschneiden, die Stoffmitte und die Diagonalen festlegen. In der Mitte ein Rechteck von 52x76 cm markieren.

Das Muster auf den Stoff zeichnen und die verschiedenen Stickstiche abbildungsgemäß aufsticken.

Anleitung für einen gehäkelten Saum finden Sie auf Seite 24.

Hier ist die Stickerei so angeordnet, daß sie auch bei einem gedeckten Tisch gut sichtbar bleibt.

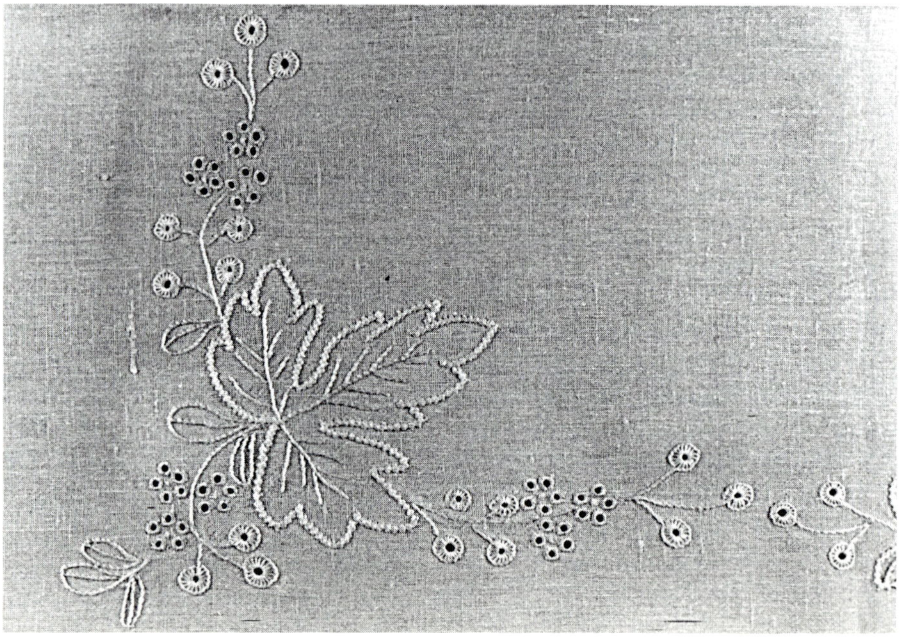

Dieses Muster können Sie auch für eine quadratische Mitteldecke verwenden.

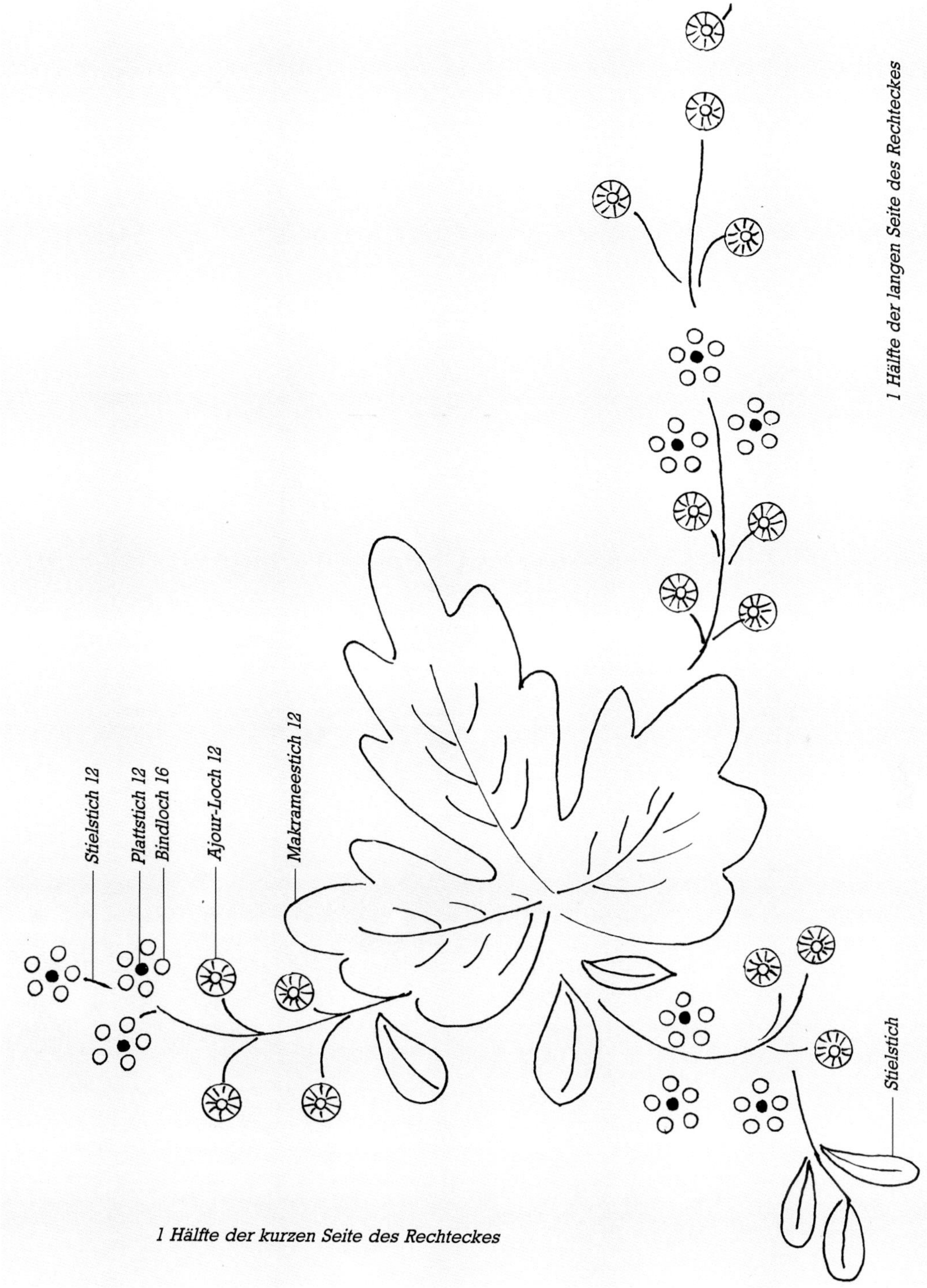
1 Hälfte der langen Seite des Rechteckes
Stielstich 12
Plattstich 12
Bindloch 16
Ajour-Loch 12
Makrameestich 12
Stielstich
1 Hälfte der kurzen Seite des Rechteckes

Tischbänder in feiner Weißstickerei

Größe: 160x10 cm

Material:

je nach Tischgröße
160x10 cm feines Leinen,
Transparentpapier,
Kopierpapier (oder 1 Bügelstift),
1 Pfriem,
MEZ-Sticktwist zum Unterlegen,
MEZ-Vierfachstickgarn 20,
Leinenspitze als Randbefestigung.

Und so wird es gemacht:

Das Muster auf den Stoff zeichnen. Die Stickarten abbildungsgemäß aufstikken. Dabei die kleinen Blätter mit Sticktwist unterlegen. An den beiden Enden bleiben 5 cm unbestickt. Diese nähen Sie gemäß der Zeichnung auf dieser Seite zu einer Spitze um. Danach steppen Sie am Rand eine fertige Spitze auf.

Tischbänder sehen auch mit einer handgearbeiteten Festonkante sehr gut aus.

Zur schön gedeckten Kaffeetafel gehören heute Tischbänder. Sie sind nicht nur dekorativ, sondern auch im Nu gestickt. Sie sind übrigens auch schneller gewaschen und gebügelt als eine Tischdecke.

Tischbänder wirken am besten auf einer einfarbigen Decke, die mit den Farben des Porzellans harmoniert. Auf eine schöne Tischplatte können Sie Tischbänder auch direkt auflegen.

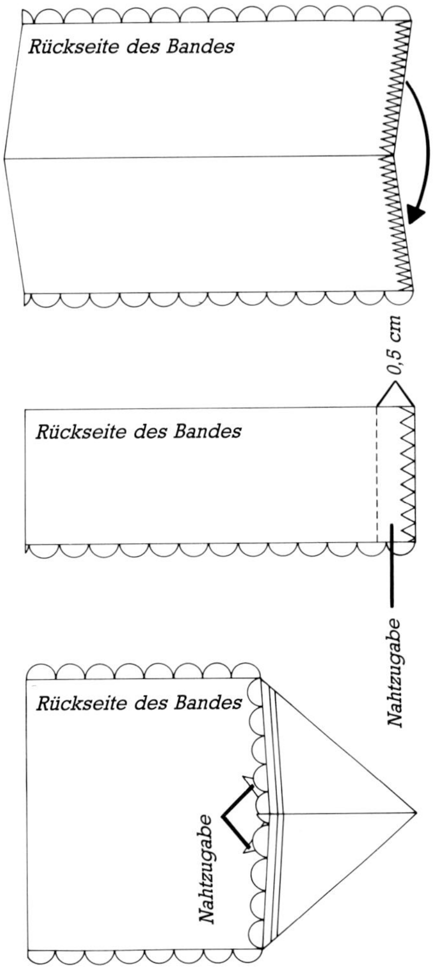

Auf dem Tischband wurden die kleinen Blätter dicht unterlegt, um die plastische Wirkung zu verstärken.

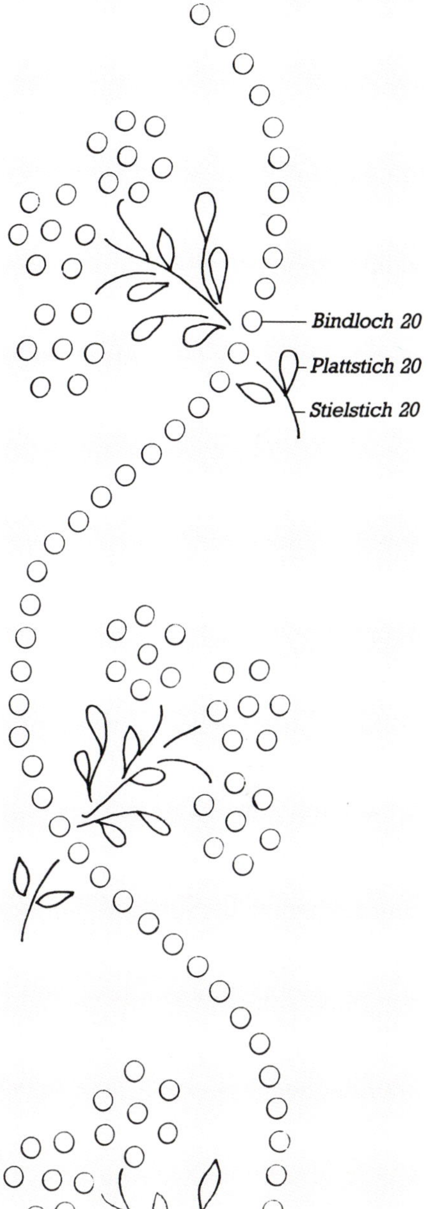

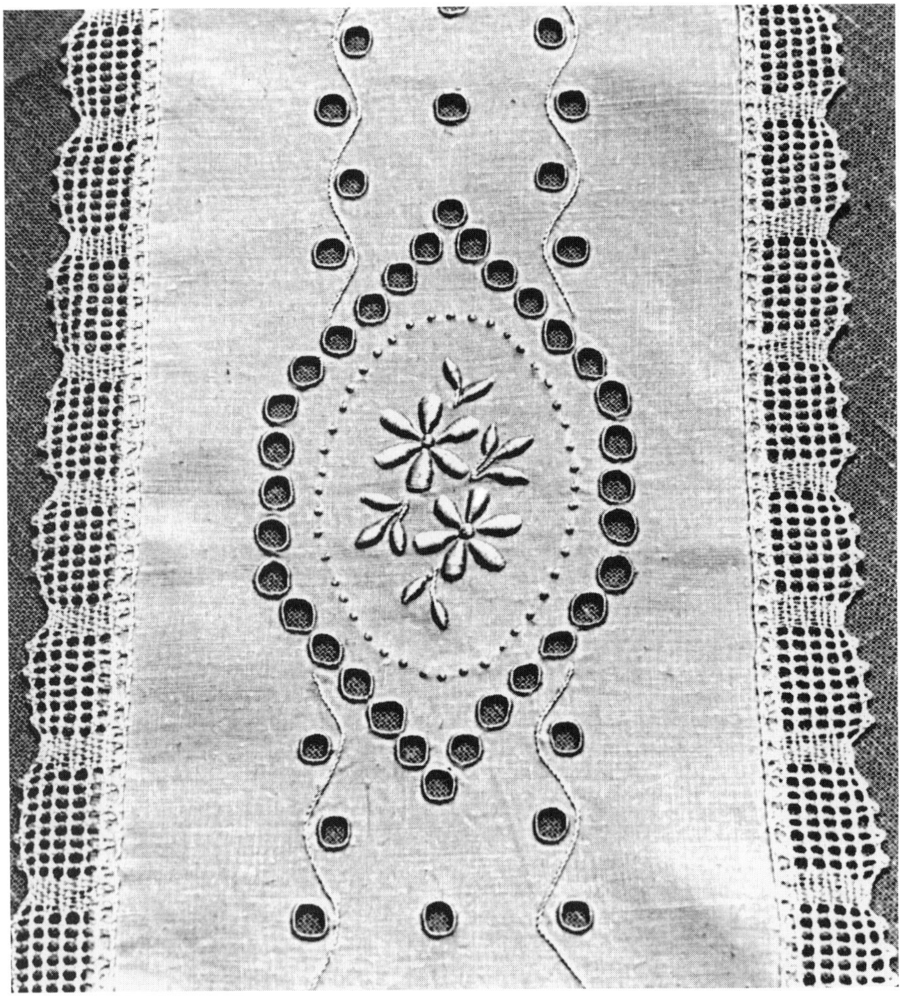

Anspruchsvolle Hochstickerei ziert dieses Tischband.

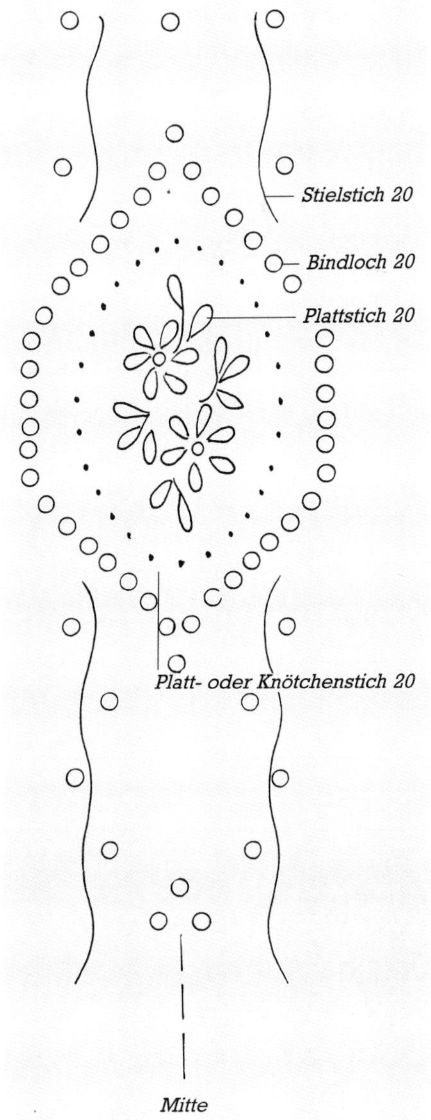

Tischbänder

Größe: 180x10 cm

Material:

je nach Tischgröße
180x10 cm Leinen,
Transparentpapier,
Kopierpapier (oder 1 Bügelstift),
MEZ-Vierfachstickgarn 12,
schmale Leinenspitze.

Und so wird es gemacht:

Die Mitte des Tischbandes einbügeln und das Muster aufzeichnen.

Die Sticharten abbildungsgemäß aufsticken. An den beiden Enden bleiben 5 cm unbestickt. Diese nähen Sie gemäß der Zeichnung auf Seite 76 zu einer Spitze um.

Danach steppen Sie eine fertige schmale Spitze auf. Sie können auch eine schmale Häkelborte direkt anhäkeln.

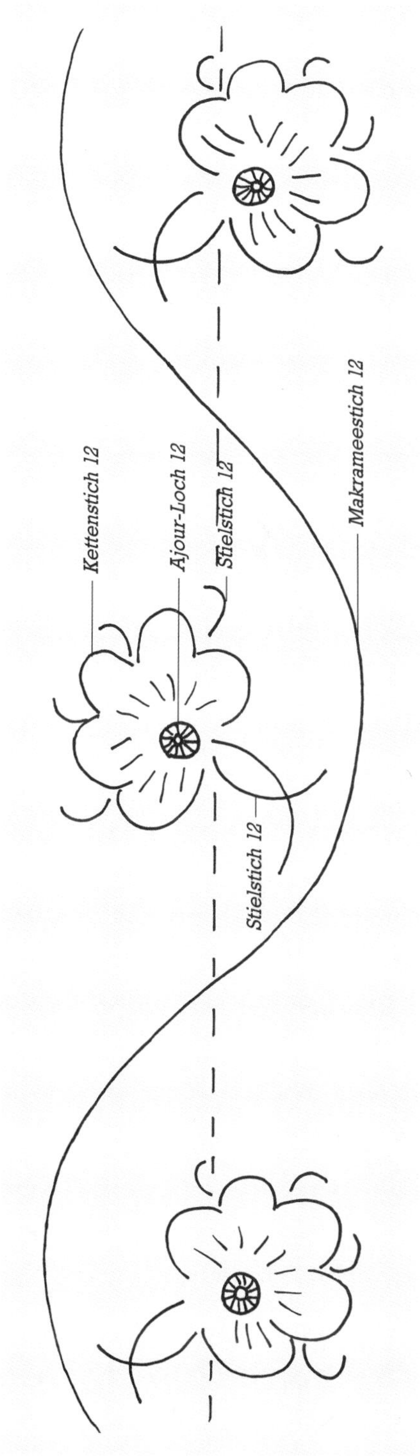

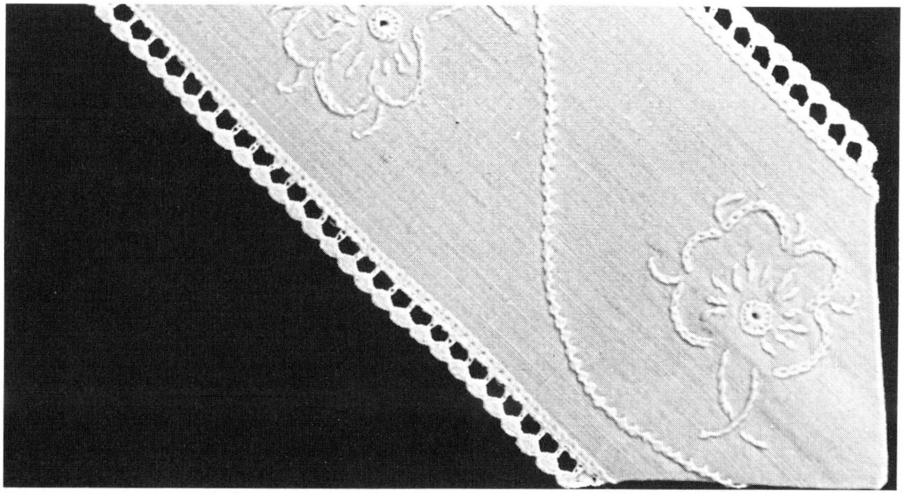

Tischband aus altem Bauernleinen.

Läufer mit Weihnachts-motiv

Größe: 26x50 cm

Material:

28x50 cm Leinen,
Transparentpapier,
Kopierpapier (oder 1 Bügelstift),
1 Pfriem zum Vorbohren der Bindlöcher,
MEZ-Vierfachstickgarn 12 und 16,
1,60 cm Leinenspitze für den Saum.

Und so wird es gemacht:

Das Leinen fadengerade abschneiden und mit einem Zickzackstich umnähen. Die Stoffmitte einbügeln und das Muster zweimal aufzeichnen.

Die einzelnen Stickstiche der Zeichnung entsprechend aufsticken. Danach die Leinenspitze annähen.

Mit 2 Weihnachtsmotiven verzierter Läufer.

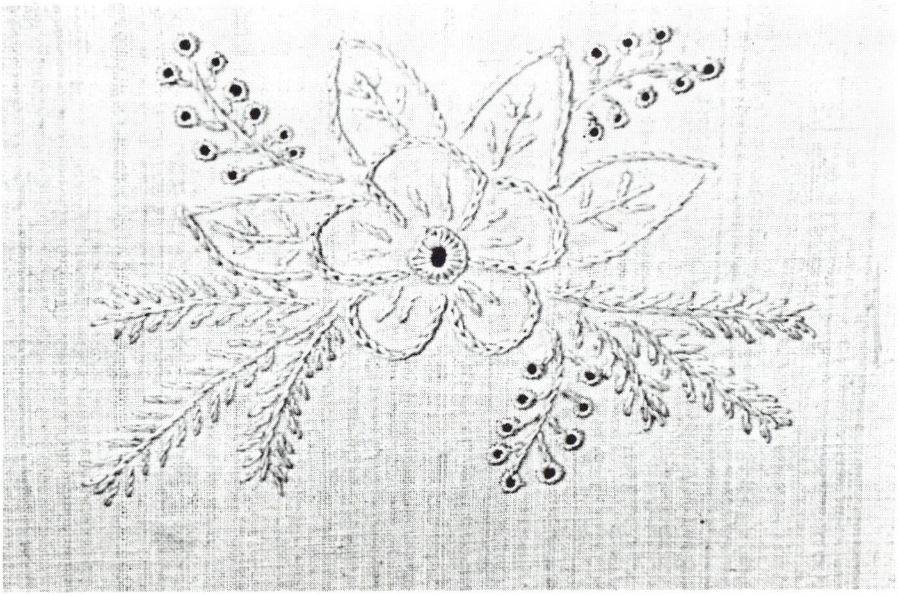

Dieses Motiv können Sie ebenso gut auf eine rechteckige Decke sticken.

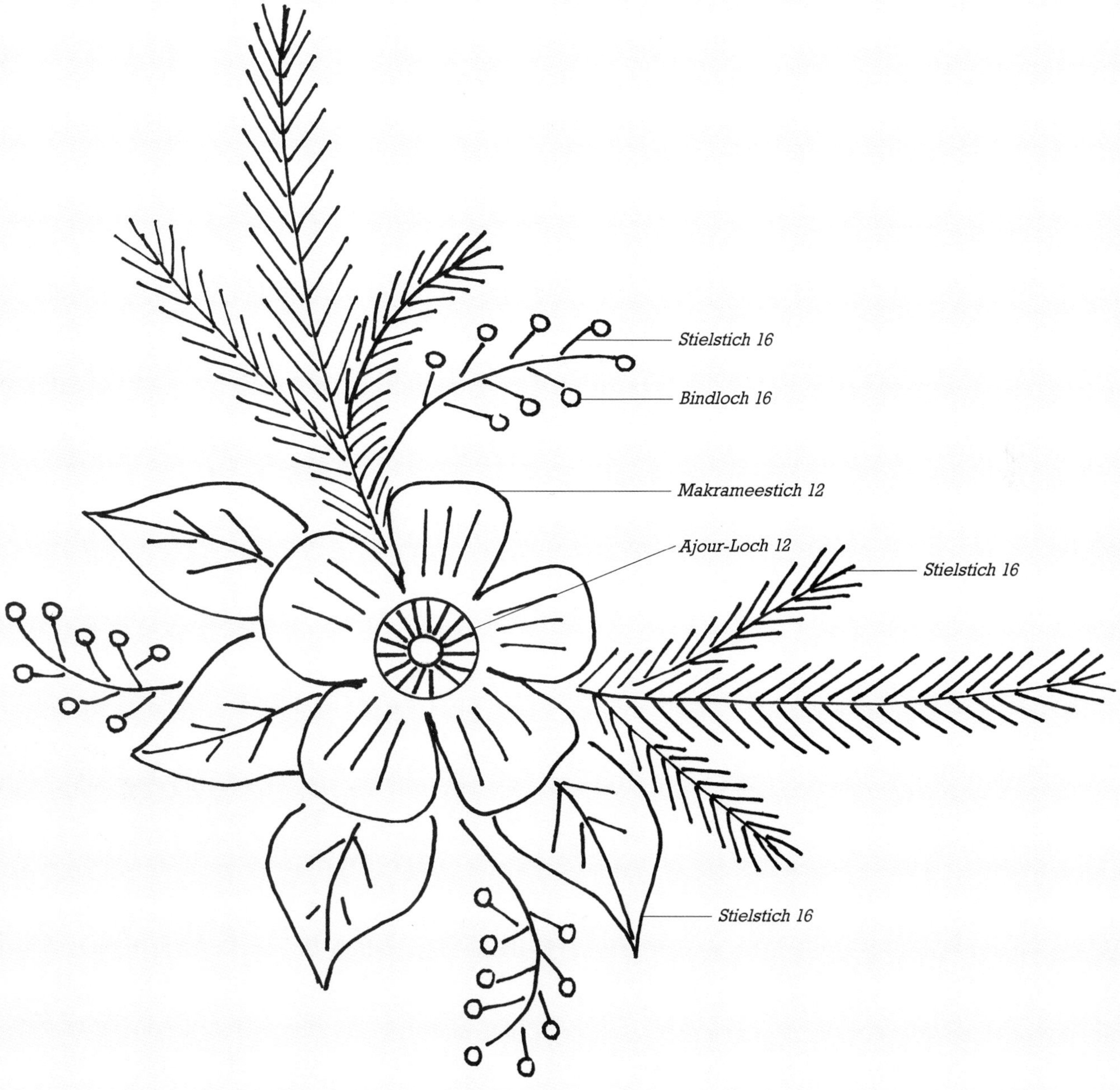
Stielstich 16
Bindloch 16
Makrameestich 12
Ajour-Loch 12
Stielstich 16
Stielstich 16

Mitteldecke mit Weihnachtssternen

Größe: 75x75 cm

Material:

90x90 cm grobes Leinen,
Transparentpapier,
Kopierpapier (oder 1 Bügelstift),
MEZ-Vierfachstickgarn 12.

Und so wird es gemacht:

Mittel- und Diagonallinien in den fadengerade abgeschnittenen Stoff bügeln.
Das vollständige Muster abbildungsgemäß zunächst auf Seidenpapier vorzeichnen und auf den Stoff übertragen.
Die Stickerei der Musterzeichnung entsprechend aufsticken.
Einen 3 cm breiten Hohlsaum anbringen.
Die fertige Decke waschen und von links feucht bügeln.

Diese schöne Weihnachtsdecke ist leicht anzufertigen.

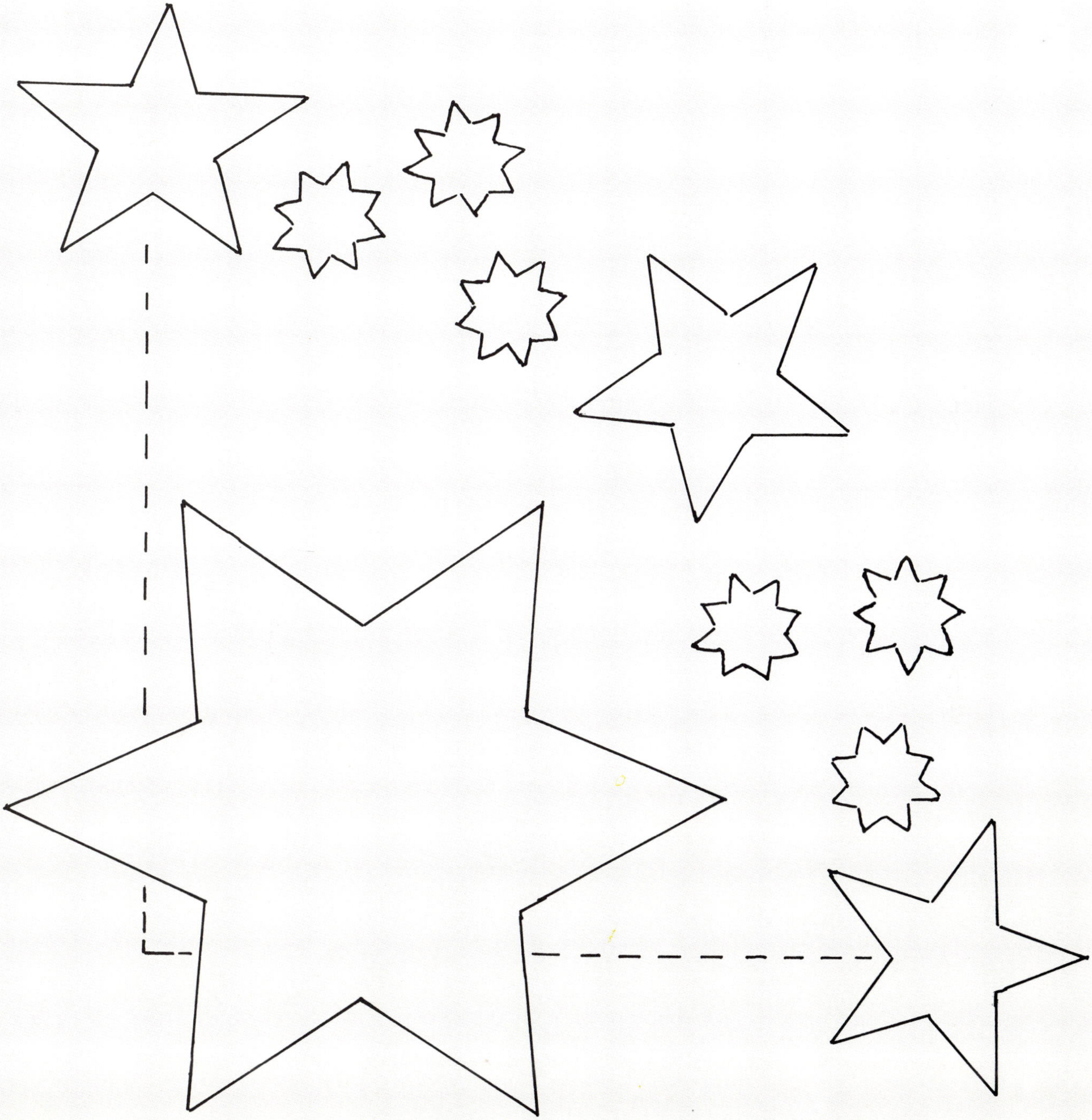

Kissen

Größe: 40x40 cm

Material:

45x85 cm beiges Leinen,
Transparentpapier,
Kopierpapier (oder 1 Bügelstift),
1 Pfriem,
MEZ-Vierfachstickgarn 12,
1 Reißverschluß 35 cm lang,
1 Kissenfüllung.

Und so wird es gemacht:

Das Leinen fadengerade abschneiden. Auf der Oberseite der Kissenplatte die Mitte festlegen und einbügeln. Das Muster aufzeichnen und die Stickstiche der Musterzeichnung entsprechend aufsticken.

Kissen aus Jute-Leinen mit weißer Leinenstickerei.

Das Motiv ist auch für eine Lampe geeignet.

Makramee 12
Stielstich 12
Kettenstich 12
Stielstich 12
Kettenstich 12
Bindloch 12

Kissen mit Weinlaub und Ähren

Größe: 40x40cm

Material:

45x85 cm Leinen,
Transparentpapier,
Kopierpapier oder 1 Bügelstift,
1 Pfriem,
MEZ-Vierfachstickgarn 16,
1 Reißverschluß 35 cm lang,
1 Kissenfüllung.

Und so wird es gemacht:

Die Stoffmitte der oberen Kissenplatte festlegen und das Motiv auf den Stoff übertragen.
Die einzelnen Stickstiche der Musterzeichnung entsprechend aufsticken.
Die Seitennähte schließen, in der unteren Naht eine Öffnung für den Reißverschluß offenlassen. Den Reißverschluß verdeckt einnähen, die Nahtränder beschneiden, übereck abschrägen und mit einem Zickzackstich versäubern.

Bestickte Kissen aus Leinen passen zu jeder Wohnungseinrichtung.

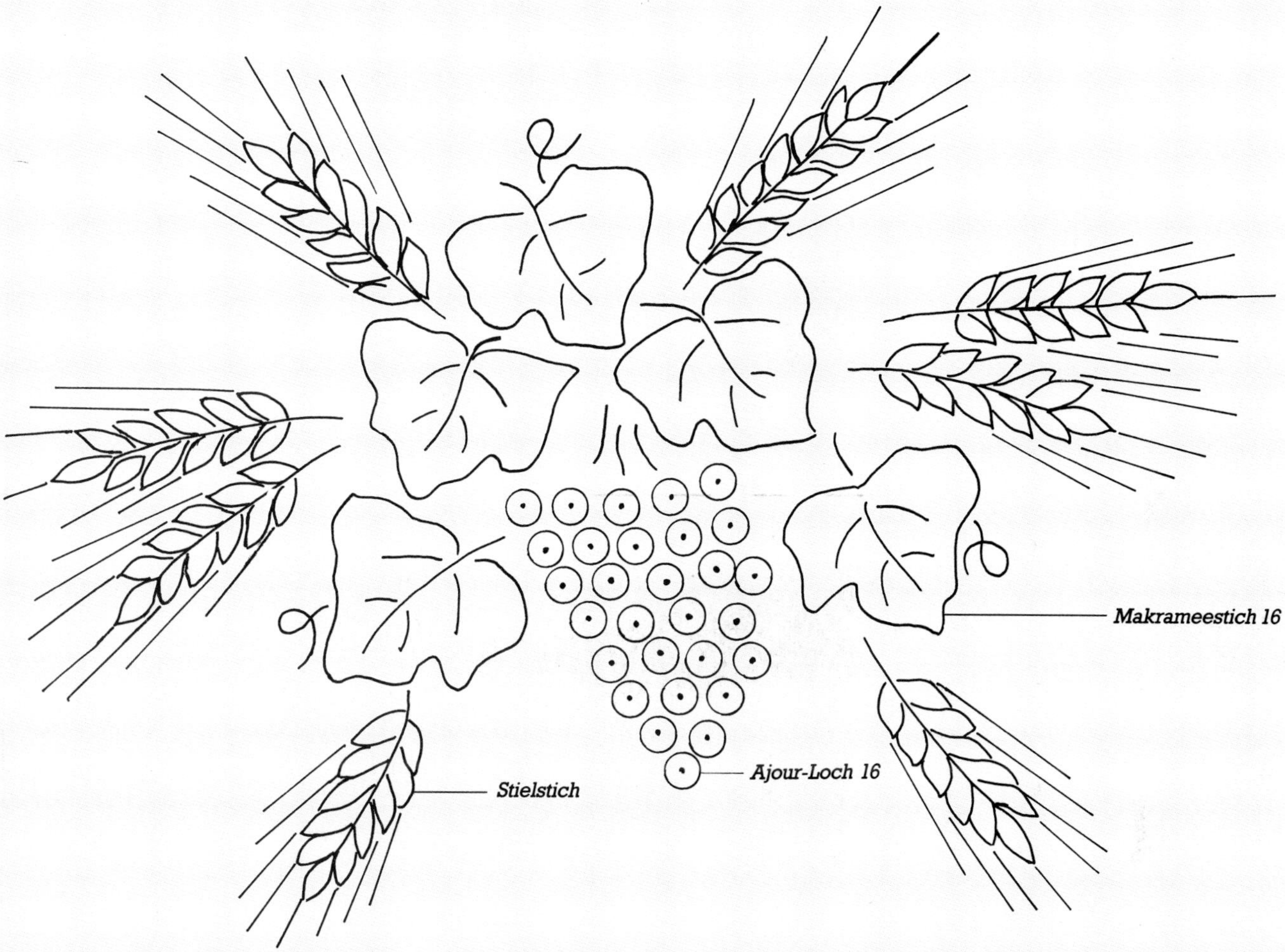
Makrameestich 16
Stielstich
Ajour-Loch 16

Kissen mit Seerose

Größe: 40x40 cm

Material:

45x85 cm Leinen,
Transparentpapier,
Kopierpapier oder 1 Bügelstift,
1 Pfriem,
MEZ-Vierfachstickgarn 16,
1 Reißverschluß 35 cm lang,
1 Kissenfüllung.

Und so wird es gemacht:

Stoffmitte der oberen Kissenplatte festlegen und das Motiv auf den Stoff übertragen. Die einzelnen Stickstiche der Musterzeichnung entsprechend aufsticken. Die Seitennähte zusammennähen, in der unteren Naht eine Öffnung für den Reißverschluß offenlassen. Den Reißverschluß verdeckt einnähen, die Nahtränder beschneiden, übereck abschrägen und mit einem Zickzackstich versäubern.

Das Muster zur Seerose finden Sie auf Seite 111.

Kissen mit zwei Blütenstielen

Größe: 40x40 cm

Material:

45x85 cm Leinen,
Transparentpapier,
Kopierpapier oder 1 Bügelstift,
1 Pfriem,
MEZ-Vierfachstickgarn 16,
1 Reißverschluß 35 cm lang,
1 Kissenfüllung.

Und so wird es gemacht:

Die Stoffmitte der oberen Kissenplatte festlegen und das Motiv auf den Stoff übertragen.
Die einzelnen Stickstiche der Musterzeichnung entsprechend aufsticken.
Die Seitennähte schließen, in der unteren Naht eine Öffnung für den Reißverschluß offenlassen. Den Reißverschluß verdeckt einnähen, die Nahtränder beschneiden, übereck abschrägen und mit einem Zickzackstich versäubern.

Das Muster für dieses Kissen finden Sie auf Seite 137.

Kissen mit Blütenrand

Größe: 35x35 cm

Material:

40x80 cm Leinen,
Transparentpapier,
Kopierpapier (oder 1 Bügelstift),
1 Pfriem,
MEZ-Vierfachstickgarn 12 und 16,
1 Reißverschluß 35 cm lang,
1 Kissenfüllung.

Und so wird es gemacht:

Das Leinen fadengerade abschneiden. Auf der oberen Kissenplatte die Mitte festlegen und die Diagonalen einbügeln. Das Muster aufzeichnen und die Stickstiche abbildungsgemäß aufsticken.

Eine Häkelborte und ein Monogramm sind die Verzierungen auf dem rechten Kissen.

Die Blüten können Sie auch mit einem Makrameestich aussticken.

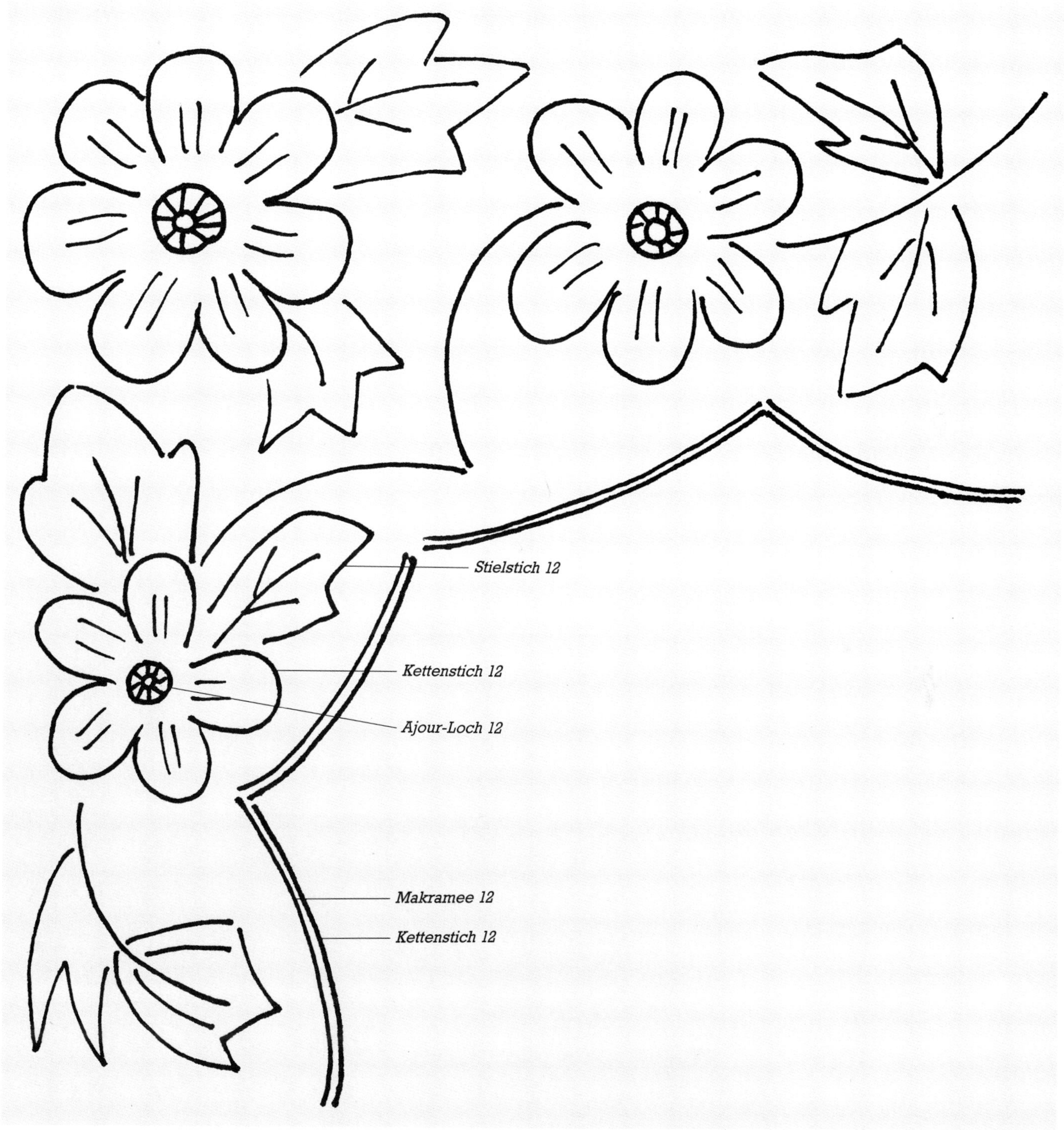
Stielstich 12
Kettenstich 12
Ajour-Loch 12
Makramee 12
Kettenstich 12

Dekorative Lampenschirme aus besticktem Leinen passen besonders gut zu alten Bauernmöbeln. Wer erst einmal an der Leinenstickerei Gefallen gefunden hat, der kann sich mit solchen Lampen sein Heim verschönern. Besonders gut harmonieren die Lampenschirme aus Leinen mit einem Sockel aus gedrechseltem Holz.

Allgemeine Anleitung für alle Lampen:

Die Lampenschirme arbeiten Sie aus einem geraden rechteckigem Stück Leinen. Dazu messen Sie den größten Umfang des Lampenschirmes und geben 3 cm für die Naht dazu. In der Höhe brauchen Sie bei normalen Tischleuchten 16–20 cm und bei großen Stehlampen 20–28 cm mehr.

Die Lampenmuster können Sie beliebig zusammenstellen. Beigefarbenes Leinen, bestickt mit beigefarbigem Stickgarn, eignet sich besonders gut für Lampenschirme.

Die Muster werden – wie bei all unseren anderen Beispielen auch – mit Hilfe von Kopierpapier oder mit dem Bügelstift aufgezeichnet.

Nach dem Besticken des Stoffes nähen Sie die Seitennaht zusammen. Den oberen und unteren Saum nähen Sie so breit um, daß Sie ein Gummiband durchziehen können. Am unteren Saum können Sie anstatt eines Gummibandes auch eine Kordel durchziehen, damit der Lampenschirm zum Waschen leicht abgenommen werden kann.

Lampe mit Gräsern

Höhe des Schirmes: 30 cm
Umfang des unteren Randes: 114 cm

Material:

120x50 cm Leinen,
Transparentpapier,
Kopierpapier (oder 1 Bügelstift),
Gummilitze oder Kordel,
MEZ-Vierfachstickgarn 12, 16 und 20,
Häkelgarn für die Borte.

Und so wird es gemacht:

Die fünf verschiedenen Muster mit gleichmäßigen Abständen auf den Stoff zeichnen.

Die Stickerei abbildungsgemäß fertigstellen. Weitere Anleitung siehe Seite allgemeine Anleitung für Lampen.

Die Häkelborte anfertigen, mit einem Gummifaden durchziehen und mit Heftstichen an dem Lampenschirm befestigen.

Altes beigefarbiges Bauernleinen ist das Material für diese dekorative Lampe.

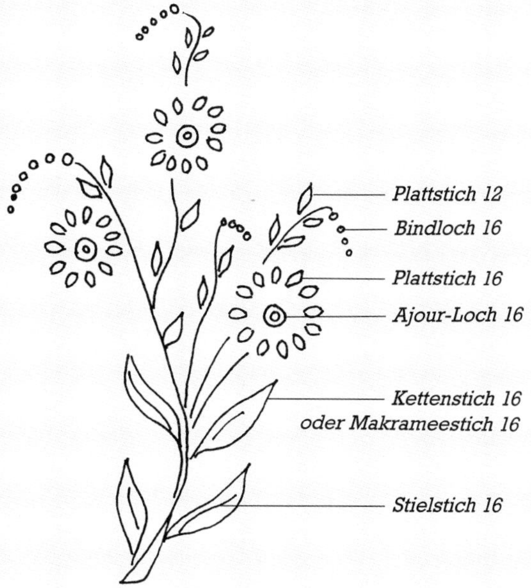
Plattstich 12
Bindloch 16
Plattstich 16
Ajour-Loch 16
Kettenstich 16
oder Makrameestich 16
Stielstich 16

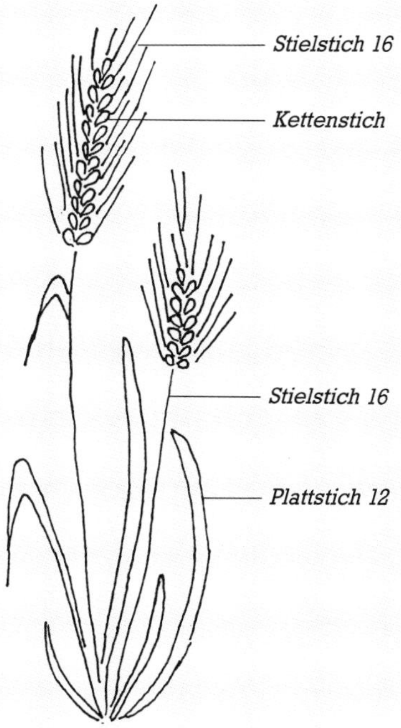
Stielstich 16
Kettenstich
Stielstich 16
Plattstich 12

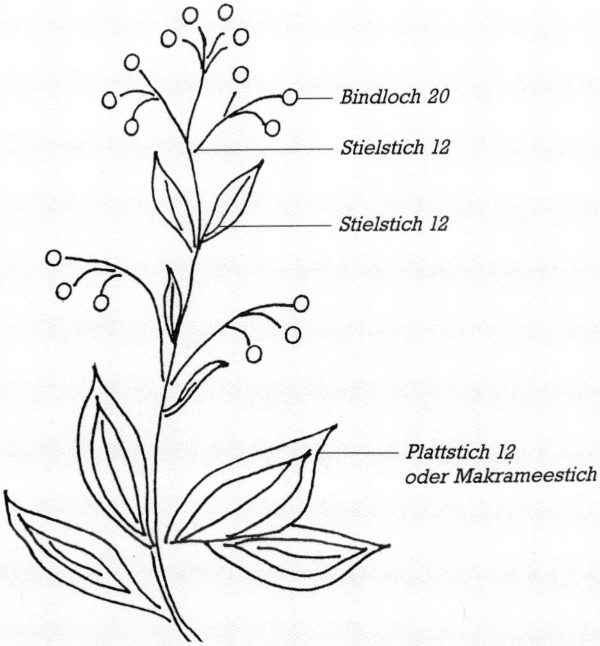
Bindloch 20
Stielstich 12
Stielstich 12
Plattstich 12
oder Makrameestich

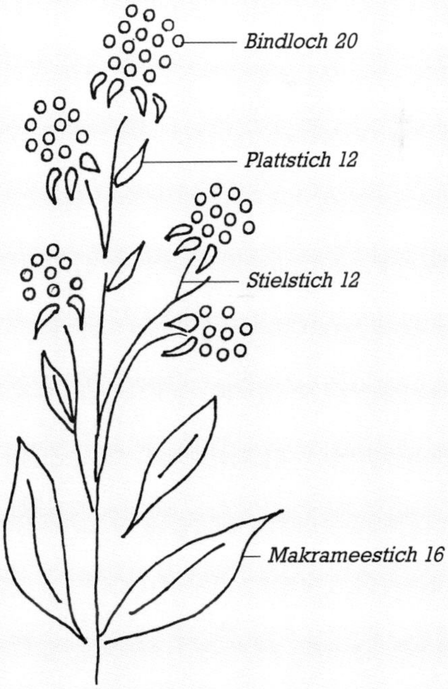
Bindloch 20
Plattstich 12
Stielstich 12
Makrameestich 16

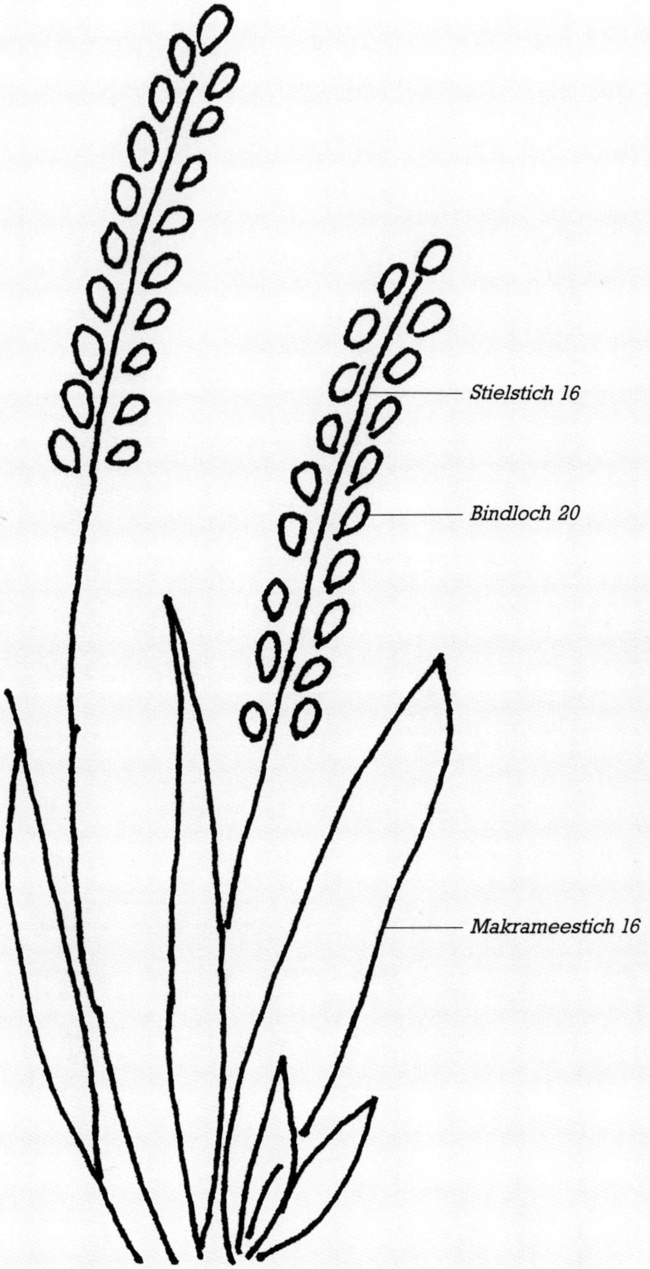
Stielstich 16
Bindloch 20
Makrameestich 16

Die Häkelborte ist einzeln angefertigt, mit einem Gummifaden durchgezogen und mit Heftstichen befestigt.

Dieser Lampenschirm ist rundherum mit Gräsern und Ähren bestickt.

Lampe mit Pfauenmuster

Höhe des Lampenschirmes: 36 cm
Umfang des unteren Randes: 110 cm

Material:

150x50 cm Leinen,
Transparentpapier,
Kopierpapier (oder 1 Bügelstift),
Gummilitze oder Kordel zum Durchziehen,
MEZ-Vierfachstickgarn 12, 16 und 20.

Und so wird es gemacht:

Die Pfauenmuster gegengleich aufzeichnen. Dazwischen einen Blütenzweig anbringen.

Die Stickstiche abbildungsgemäß aufsticken.

Weitere Anleitung siehe Seite 92!

Lampenschirm mit einem alten Pfauenmuster bestickt.

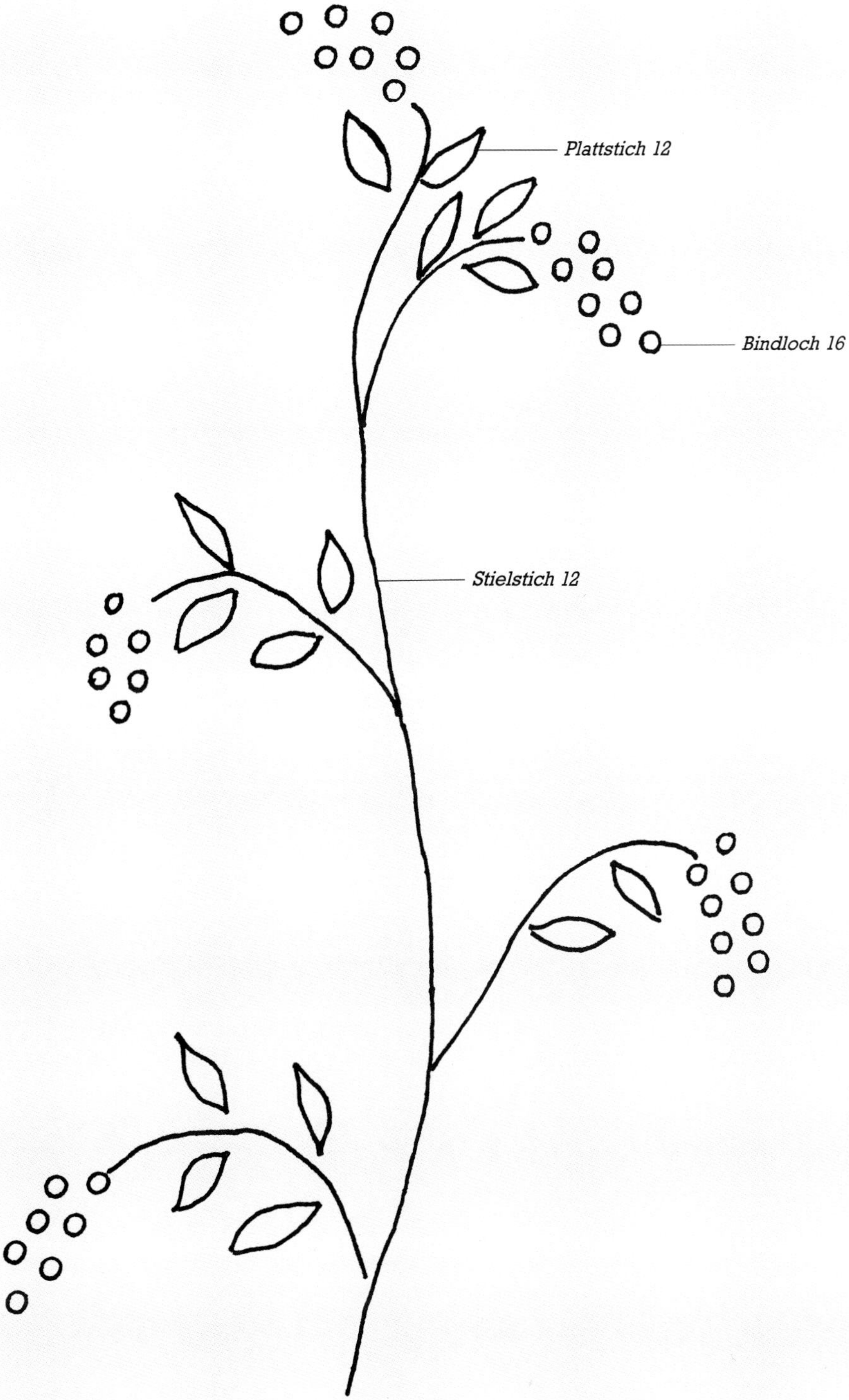
Plattstich 12
Bindloch 16
Stielstich 12

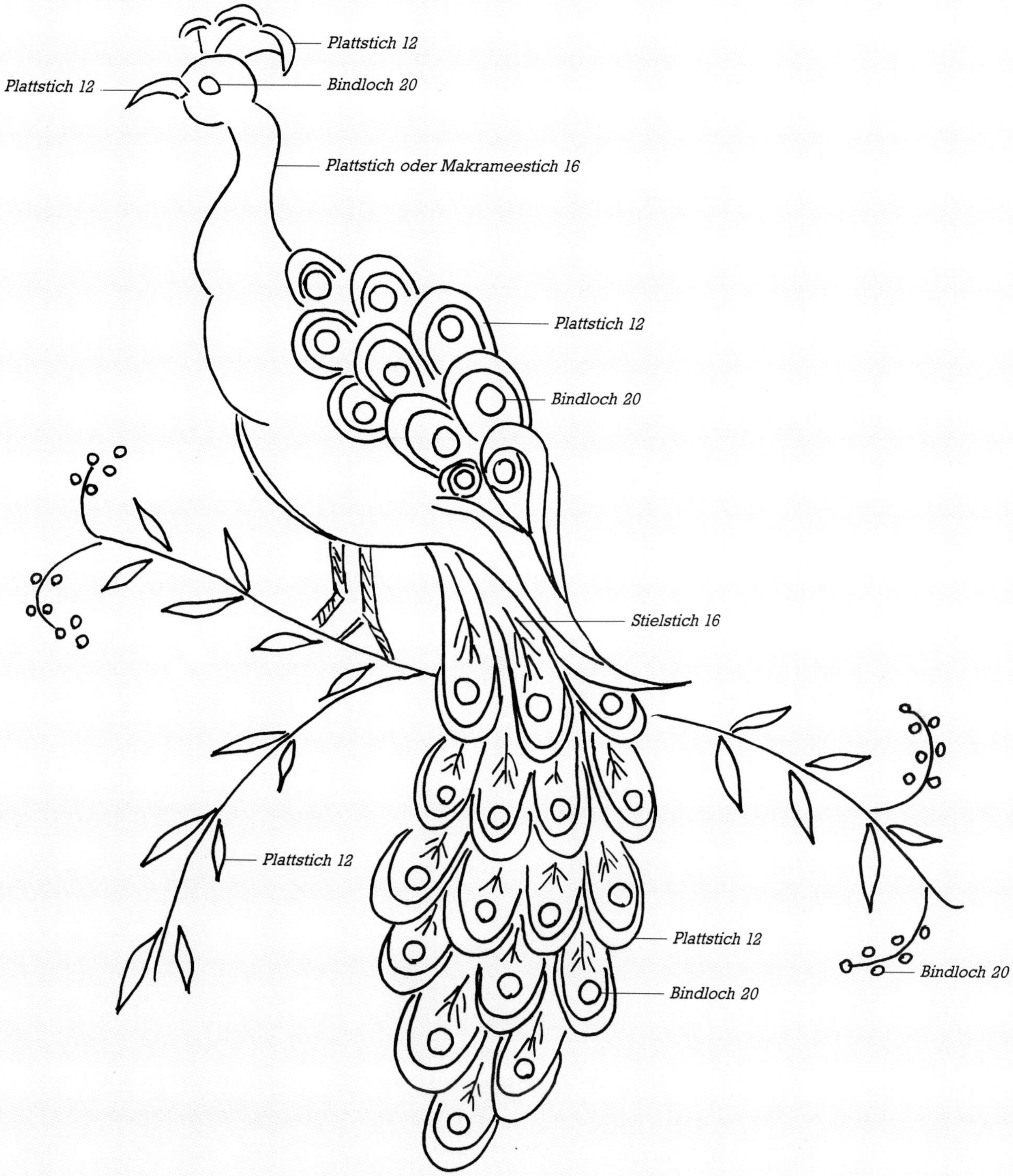
Plattstich 12
Plattstich 12
Bindloch 20
Plattstich oder Makrameestich 16
Plattstich 12
Bindloch 20
Stielstich 16
Plattstich 12
Plattstich 12
Bindloch 20
Bindloch 20

Sommerbluse

Die abgebildete Bluse wurde aus reiner Seide genäht und mit blauem Sticktwist bestickt. Ebensogut können Sie dieses Muster auf einen weißen Leinenstoff sticken.

Material:

1 Bluse nach einem Fertigschnitt zuschneiden,
für den Seidenstoff MEZ-Sticktwist,
Transparentpapier,
1 Bügelstift,
1 Pfriem.

Und so wird es gemacht:

Das Motiv mit Hilfe eines Bügelstiftes auf den Stoff zeichnen. Abbildungsgemäß die verschiedenen Stickstiche aufsticken. Bei feiner Seide mit 3 abgespalteten MEZ-Sticktwistfäden sticken.

Bei einem Leinenstoff MEZ-Vierfachstickgarn verwenden.

Bluse mit schönem Blumenmotiv.

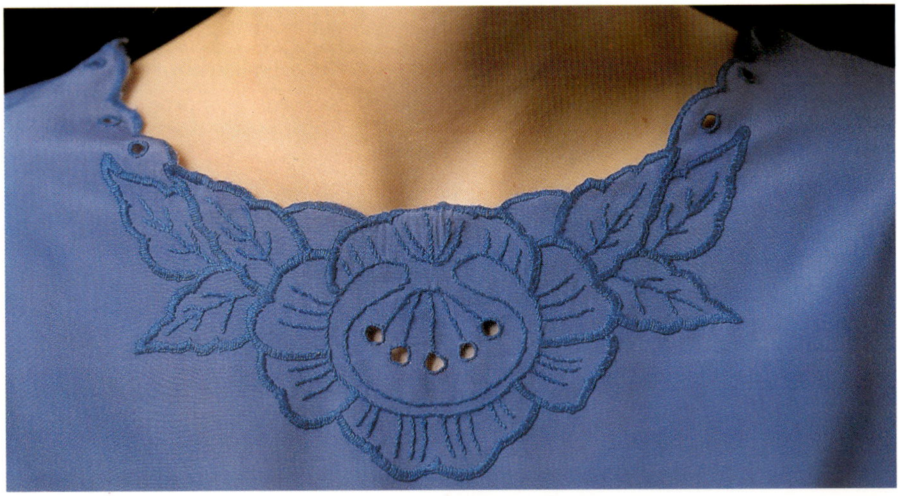

Die Stickerei auf dieser eleganten Bluse sticken Sie mit Sticktwist 3fädig.

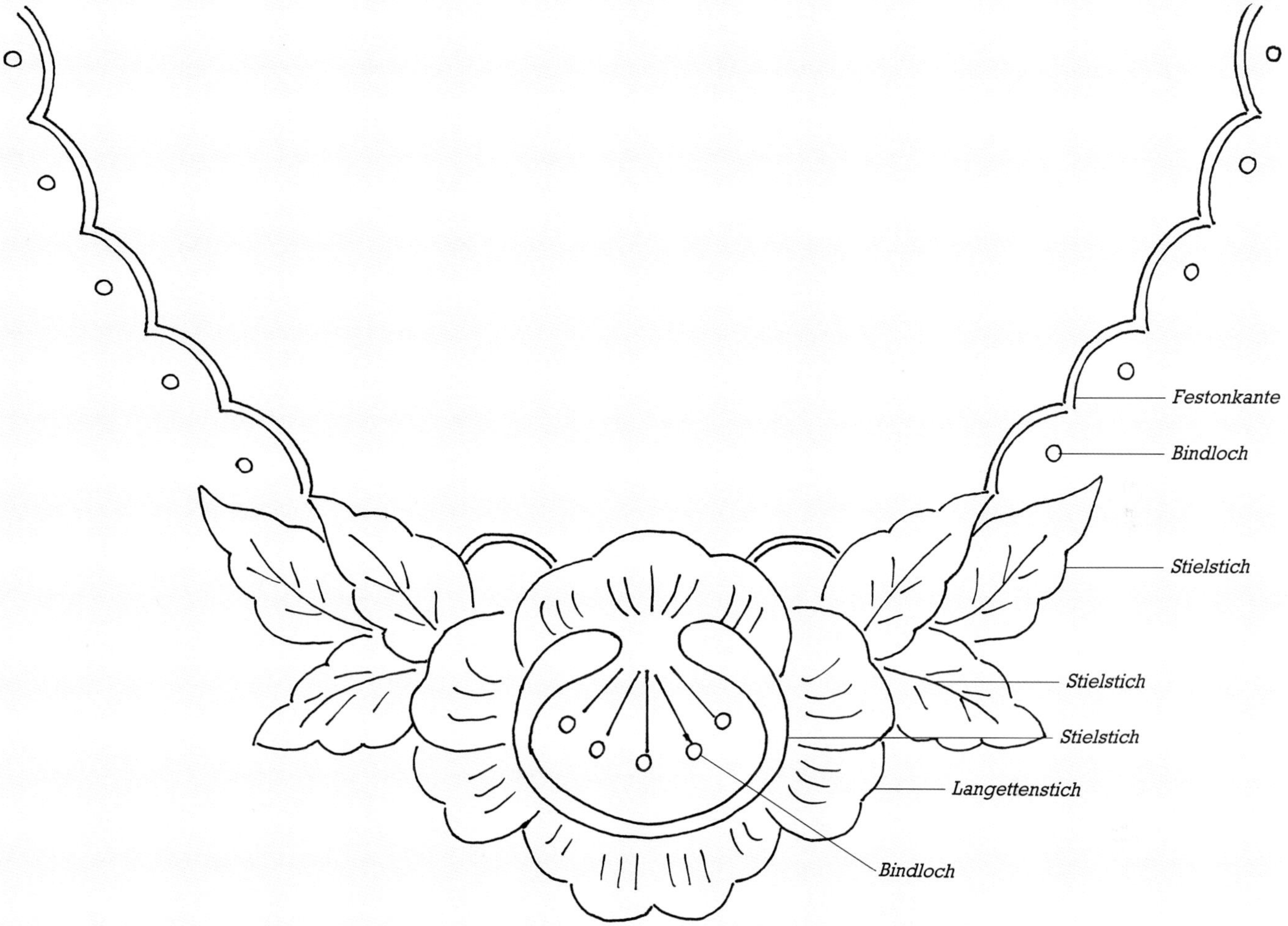
Festonkante
Bindloch
Stielstich
Stielstich
Stielstich
Langettenstich
Bindloch

Leinenbluse

Wer Wert auf etwas Besonderes legt, weiß: Handarbeit macht jedes Kleidungsstück zu einem Unikat und gibt ihm eine ganz persönliche unverwechselbare Note. Wie wär's deshalb mal mit einer selbstgenähten und handbestickten Leinenbluse?

Material:

1 Leinenbluse nach einem Fertigschnitt,
Transparentpapier,
Kopierpapier (oder 1 Bügelstift),
MEZ-Vierfachstickgarn 20,
1 Pfriem.

Und so wird es gemacht:

Das Muster auf die fertig zugeschnittene Bluse aufzeichnen und abbildungsgemäß aufsticken.

Ein altes Seerosen-Muster schmückt den Ärmel der Leinenbluse.

Auch eine Knopfleiste läßt sich mit Leinenstickerei verschönern.

Makrameestich 20
Stielstich 20
Kettenstich 20
Bindloch 20

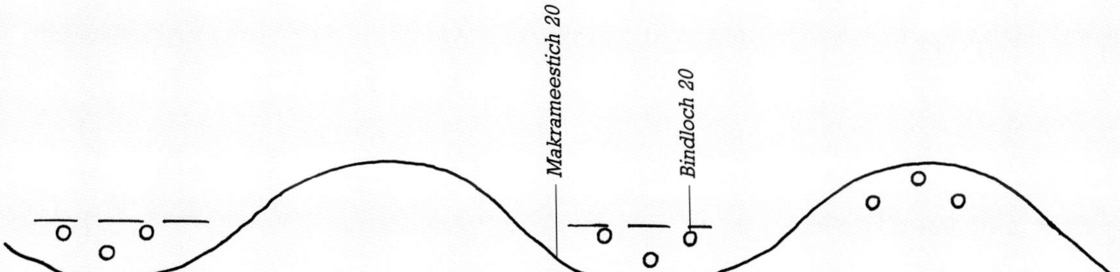
Makrameestich 20
Bindloch 20

Durchzugsstickerei auf Gerstenkorn-Leinen

Gerstenkorn-Leinen können Sie mit Hilfe von Durchziehfäden schnell und geschmackvoll verzieren. Bei der typischen Webart dieses Stoffes liegen nämlich kleine Fadengruppen auf dem Stoff, die mit einer Nadel leicht aufgehoben werden können. Die Muster entstehen durch das Aufheben dieser Fäden in einer bestimmten Reihenfolge.

Falls Sie keine Gerstenkornstoffe oder Handtücher aus Gerstenkorn-Leinen zur Verfügung haben, können Sie stattdessen auch AIDA-Stoffe besticken. Diese erhalten Sie in Handarbeitsgeschäften.

Handwerkszeug:

Gestickt wird mit MEZ-Perlgarn NR. 3. Für feinere Stoffe wählen Sie Nr. 5. Zu beachten ist, daß die jeweilige Stärke des Stickgarns auf den Stoff abgestimmt ist.

Ihrem Geschmack bleibt es überlassen, ob Sie die Borten einfarbig weiß sticken oder sie mit anderen Farben kombinieren. Letztere wirken besonders dekorativ.

Damit Sie beim Sticken die einzelnen Fadengruppen besser aufnehmen können, verwenden Sie dazu eine Spezialnadel mit leicht gebogener Spitze. Stattdessen können Sie jedoch auch mit einer stumpfen Sticknadel arbeiten.

Als Randbefestigung wird eine Häkelspitze direkt angehäkelt oder auch angenäht.

Wollen Sie mehrere Gerstenkorn-Handtücher zusammenfügen, so verbinden Sie diese mit einer einfachen Naht, die Sie anschließend mit einem Zierstich verdecken. Ebenso gut können Sie die einzelnen Teile auch mit einer Häkelspitze verbinden.

Viel Freude macht es, für die Durchzugsstickerei eigene Muster zu entwerfen. Dabei können Sie die Farben des Stickgarns passend zu Ihrer Wohnungseinrichtung und/oder zum Tafelgeschirr auswählen.

Gerstenkorn-Leinen können Sie schnell und schön mit Durchzugsstickerei verzieren.

Tischdecke aus Gerstenkorn-Leinen

Größe: 200 x 120 cm

Material:

210 x 120 cm Gerstenkorn-Leinen,
MEZ-Perlgarn 3
in drei verschiedenen Grüntönen.

Und so wird es gemacht:

Die Stickerei nach dem abgebildeten Muster ausführen.

Der Saum ist an den beiden Enden dieser Decke 4 cm umgelegt und angeheftet.

Das Leinen können Sie auch mit einem Leinengarn sehr schön umhäkeln.

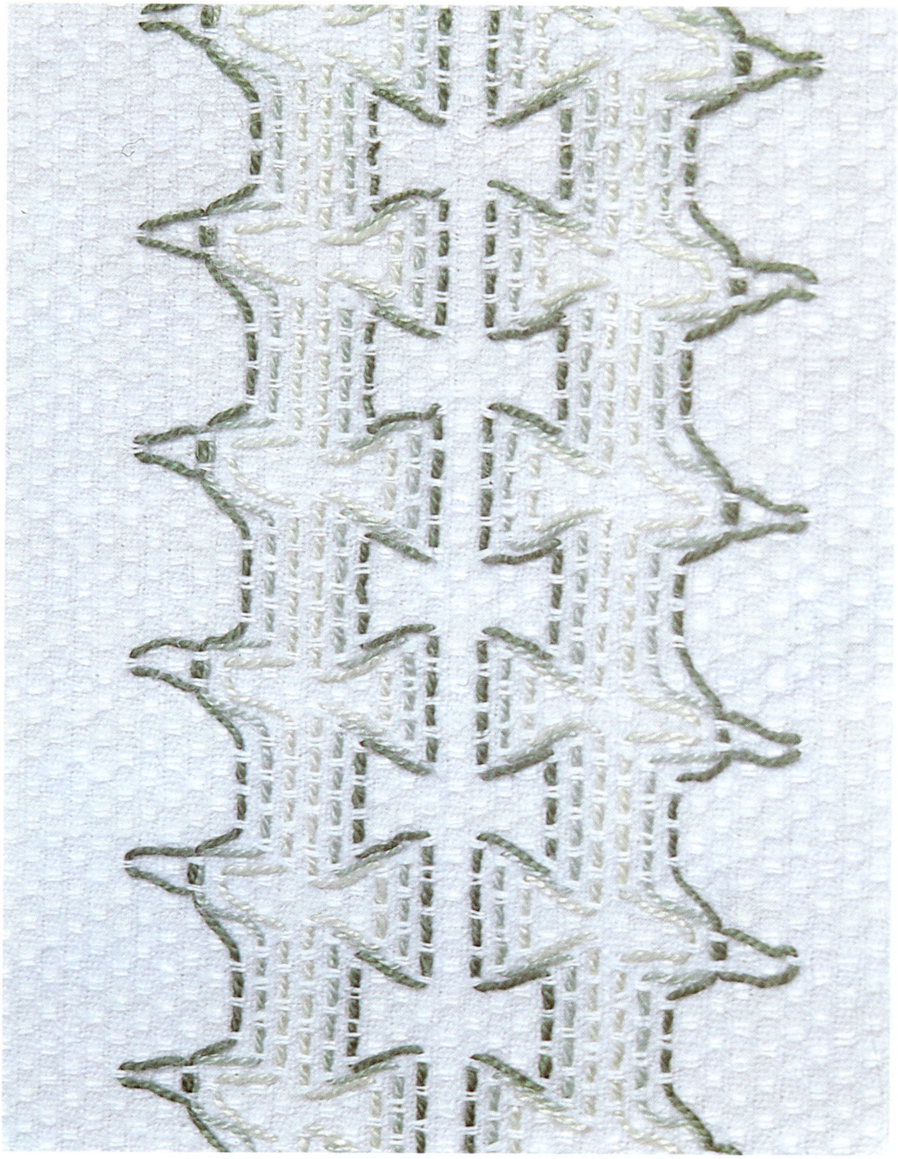

Die Borte von der Decke auf Seite 110 wird in einer grünen Farbabstufung gestickt. Sie erhalten so eine schöne Handarbeit, wie man sie nicht alle Tage sieht.

Decke aus einem Gerstenkorn-Handtuch

Größe: 40x85 cm

Material:

1 Gerstenkorn-Handtuch oder Gerstenkorn-Leinen in der Größe von ca. 42x87 cm,
MEZ-Perlgarn 3 in Weiß,
Häkelgarn in Weiß,
1 Häkelnadel.

Und so wird es gemacht:

Zuerst im Abstand von 8 cm von der Kante auf der Längsseite jeweils 3 Reihen Perlgarn durchziehen. Siehe Foto! Danach die Bogen anfertigen.

Für den Saum den Stoff 0,5 cm umlegen und mit festen Maschen umhäkeln. So können Sie jede beliebige Häkelborte anhäkeln.

Der Läufer, Weiß-in-Weiß gestickt, wirkt sehr edel.

Bei diesem Läufer harmoniert die Borte mit der angehäkelten Spitze sehr gut.

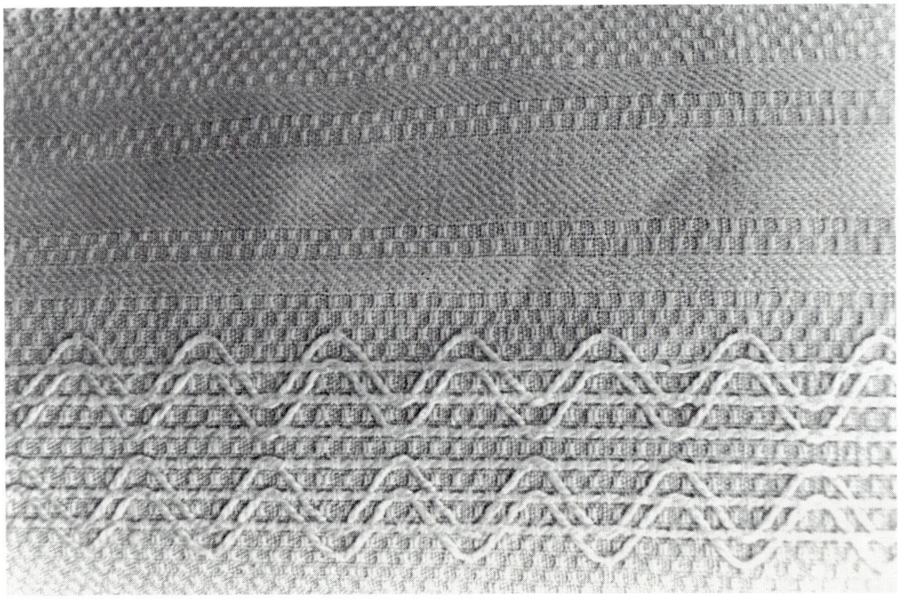

Die Durchzugsstreifen können Sie beliebig verändern.

Tischläufer aus einem Leinen-Handtuch

Größe: 45x90 cm

Material:

1 Gerstenkorn-Handtuch oder Gerstenkorn-Leinen in der Größe von ca. 50x 100 cm,
MEZ-Perlgarn 3 in den Farben 969, 970, 972.

Und so wird es gemacht:

Beginnen Sie mit der Stickerei von der Mitte aus. An beiden Enden einen Saum nach links umlegen und mit Heftstichen befestigen. Die schöne Webkante dieses handgewebten Handtuches wurde so belassen.

Leinenhandtuch mit besonders ausdrucksvollen Webstreifen.

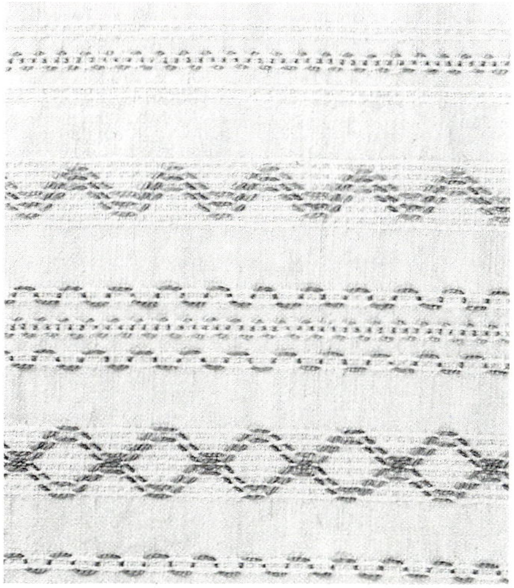

Diese Stickerei wirkt besonders schön.

Tischläufer

Größe: 40x85 cm

Material:

1 Gerstenkorn-Handtuch oder Gerstenkorn-Leinen in der Größe von ca. 50x 100 cm,
MEZ-Perlgarn 3.

Und so wird es gemacht:

Das Durchzugmuster an der äußeren Saumlinie von der Mitte aus beginnen und nach der Abbildung aufsticken. Rundherum einen Saum anbringen. Bei einer schönen Webkante können Sie den Saum so belassen.
Die fertige Handarbeit feucht bügeln.

Schnell gestickt ist dieser schöne Tischläufer.

Perlgarn eignet sich für Durchzugsstickerei besonders gut.

Decke aus einem Gersten-korn-Handtuch

Größe: 80 x 50 cm

Material:

1 Gerstenkorn-Handtuch oder Gerstenkorn-Leinen in der Größe von ca. 85 x 55 cm,
MEZ-Perlgarn 3 in drei verschiedenen Brauntönen.

Und so wird es gemacht:

Begonnen wird mit dem breiten Muster, das Sie von der Mitte aus zuerst zu einer Seite hin sticken.

Der Saum dieser Decke wurde umgelegt und angeheftet.

Besonders ausdrucksvoll ist die Borte in der Mitte des Läufers.

Aus einem einfachen Handtuch entstand dieser reich verzierte Läufer.

Monogramme

Geben Sie Ihrer Handarbeit eine individuelle Note und sticken Sie Ihr Monogramm auf. Schön ist es auch, zusätzlich die Jahreszahl der Herstellung einer Tischdecke in einer Ecke festzuhalten.

Alphabet zum Herstellen von Monogrammen. Ausführung in unterlegtem Plattstich oder im Stielstich.

Monogramme feiern heute ein großes Comeback.

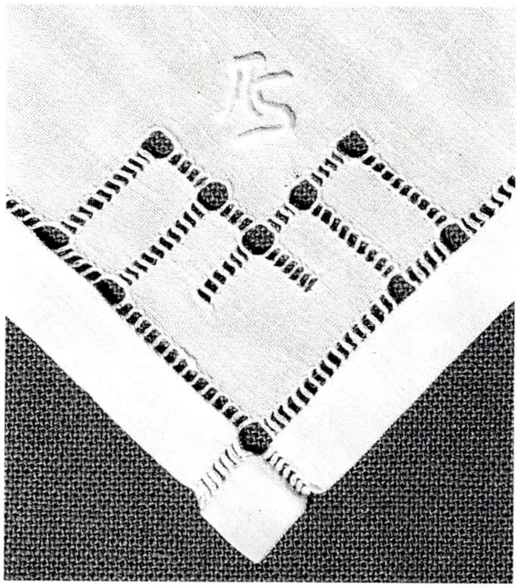

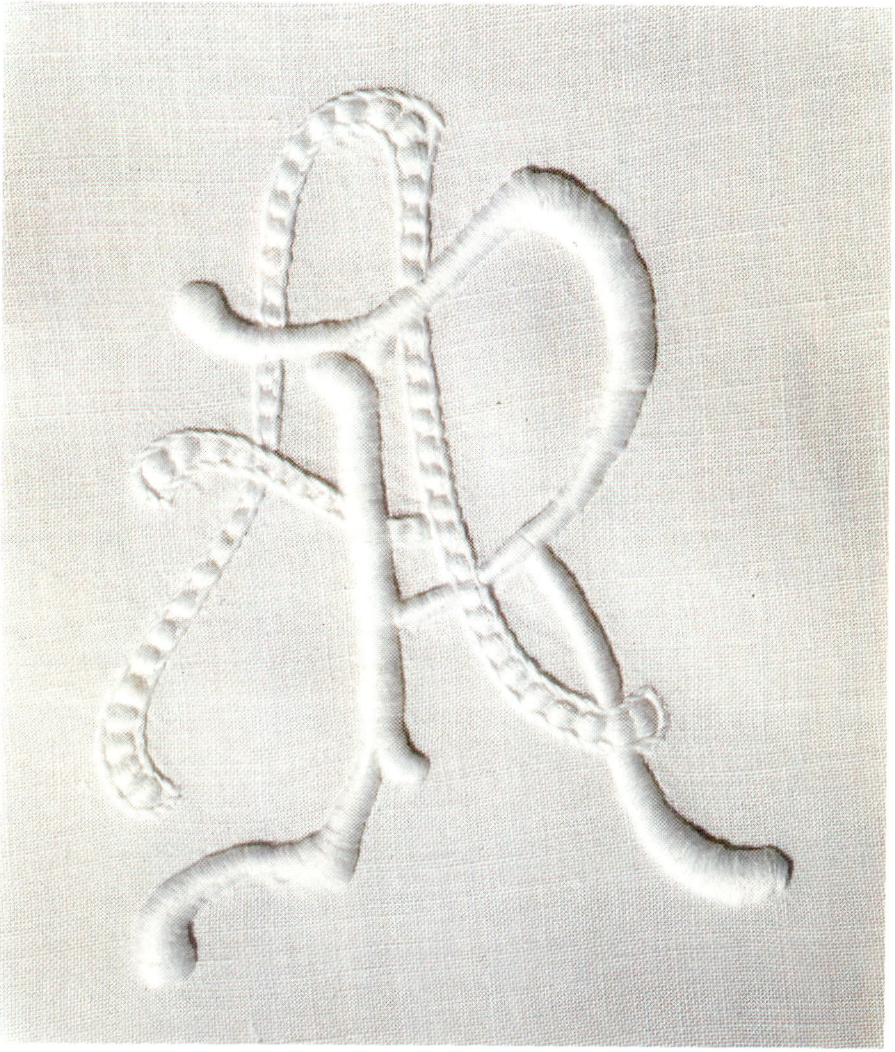

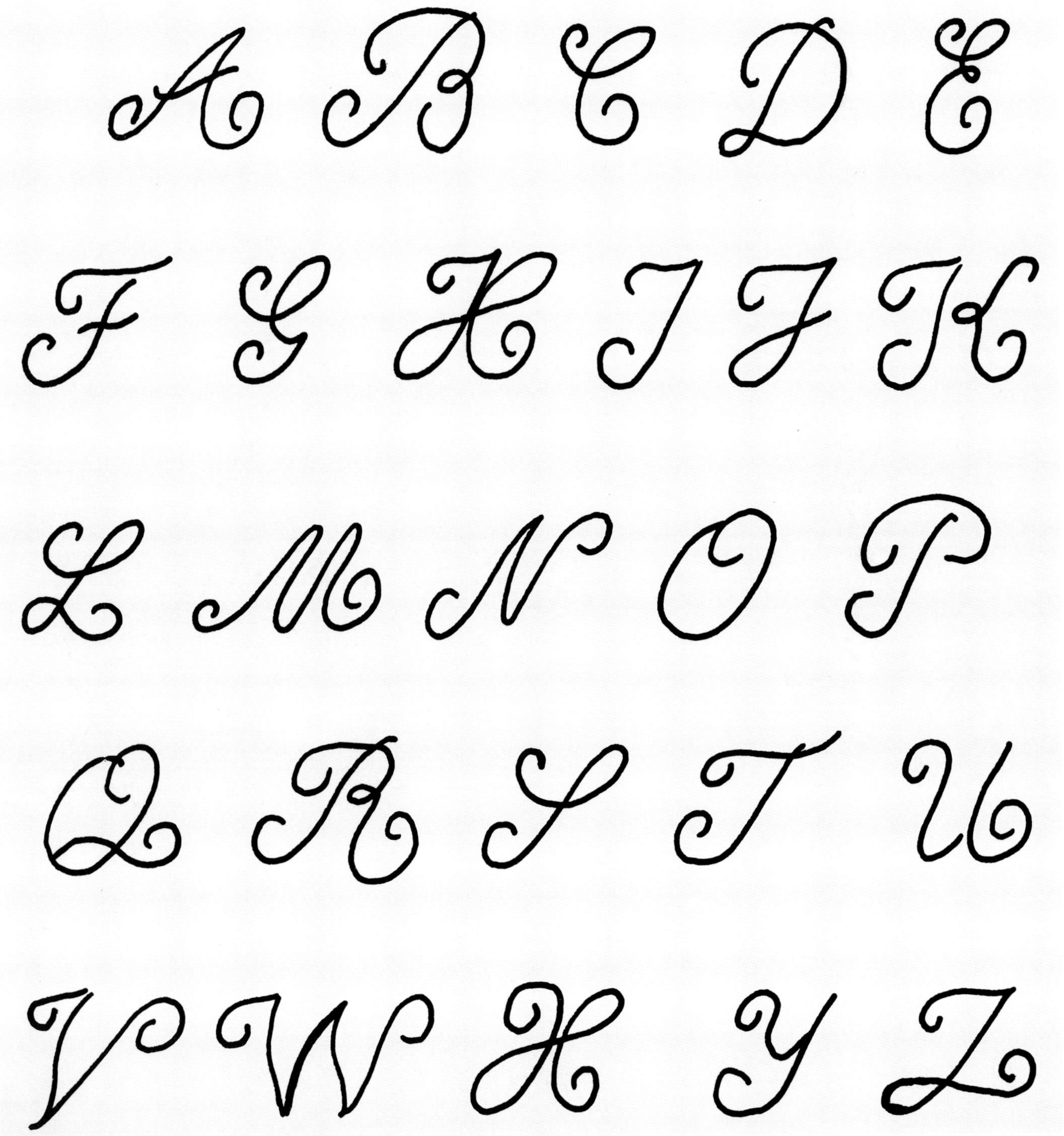

MS

Die Ajourstickerei

Diese schöne Sticktechnik bietet unzählige Möglichkeiten für die Gestaltung von Mustern und Motiven. Fast jeder Zierstich ist dabei anzuwenden. Die Muster entstehen hauptsächlich durch das Zusammenziehen von Gewebefäden. Bei der Stoffauswahl ist deshalb auf ein loses und gut zählbares Gewebe zu achten.
Die in diesem Buch abgebildeten Deckchen wurden auf Siebleinen (10 Fäden/cm) gearbeitet. Gestickt wurde mit MEZ-Vierfachstickgarn 16 und 20, das in verschiedenen Farben im Fachhandel erhältlich ist. Die Sticknadel sollte eine stumpfe Spitze haben, um das Gewebe zu schonen (Größe Nr. 24 oder Nr. 26).
Um ein gutes und gleichmäßiges Stickergebnis zu erreichen, sollten Sie den Stickfaden gleichmäßig straff anziehen. Dazu ist es zweckmäßig, in einem Stickrahmen zu sticken. Nur so ist gewährleistet, daß sich der Stoff nicht verziehen kann.

Der Kästchenstich

Der Kästchenstich ist vielseitig anzuwenden. Er sieht nicht nur als Ajourstich, sondern auch als Randbefestigung an Decken und Leinenbändern gut aus. An Stelle eines Hohlsaumes ist der Kästchenstich für einen Fransenabschluß ebenso geeignet.
Den Kästchenstich stickt man von rechts nach links. Er umrahmt über 4 Fäden ein Quadrat. Auf der Rückseite der Stickerei liegen die Stickfäden immer schräg.
Wird eine Fläche mit Kästchenstichen gefüllt, liegen die Stiche zwischen den Reihen doppelt. Falls Sie dieses vermeiden wollen, müssen Sie in der zweiten und allen folgenden Reihen die Stiche am oberen Rand ausspuren.
Beim diagonalen Kästchenstich sticken Sie von rechts oben nach links unten Rückstiche, die im rechten Winkel verlaufen. In der Rückreihe werden diese durch eine zweite Stufenleiter aus Rückstichen ergänzt. Dabei sind auf der linken Seite die schrägen Verbindungsstiche sichtbar.
Bleiben beim geraden Kästchenstich zwischen den einzelnen Quadraten ein bis zwei Gewebefäden frei, so entsteht der sogenannte Fensterstich.
Den Kästchenhohlsaum arbeiten Sie am besten von links. Dafür ziehen Sie im Abstand von vier Fäden jeweils einen Faden aus. Jetzt sticken Sie auf der linken Seite der Handarbeit von links nach rechts (siehe Arbeitsprobe).

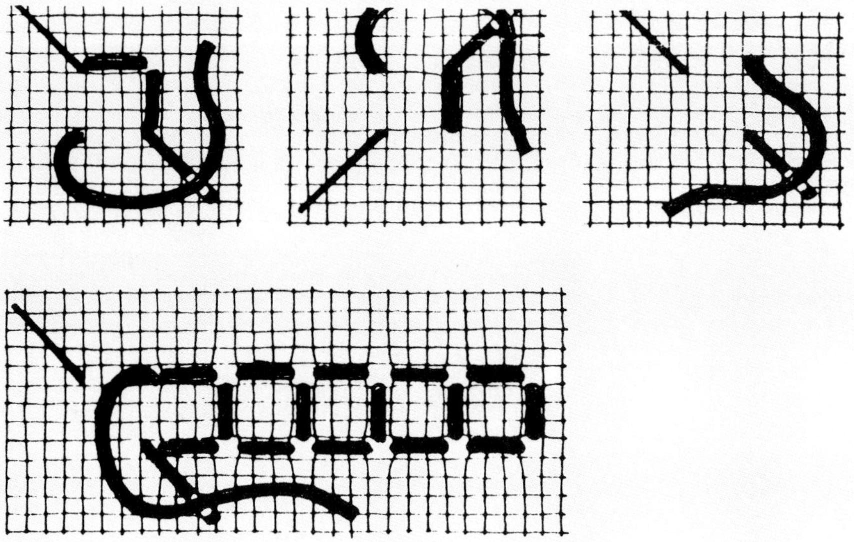

Der Kästchenstich wird von rechts nach links über vier Fäden gestickt.

Sets mit Wickel- und Kreuzstich

Größe: 35x45 cm

Material:

für ein Set:
50x60 cm Siebleinen,
10 Fäden/cm,
MEZ-Vierfachstickgarn
rot und schwarz 16.

Und so wird es gemacht:

Den fadengerade zugeschnittenen Stoff mit einem Zickzackstich sichern. Mit einem farbigen Faden die Saumlinien markieren (fertiger Saum 3 cm breit).
12 Fäden von der Saumlinie entfernt mit der äußeren Zierstichreihe in der Mitte des Sets beginnen. Dazu jeweils über 4 Gewebefäden 2 Kreuzstiche und 9 Wickelstiche aufbringen. In der zweiten Reihe diese beiden Stiche versetzen.
Den Saum des Sets gegen die Wickelstichkante säumen, dabei an den Ecken Briefecken anbringen.
Die fertige Stickerei von links feucht bügeln.

Sticken Sie diese Sets in Ihrer Lieblingsfarbe, passend zum Porzellan.

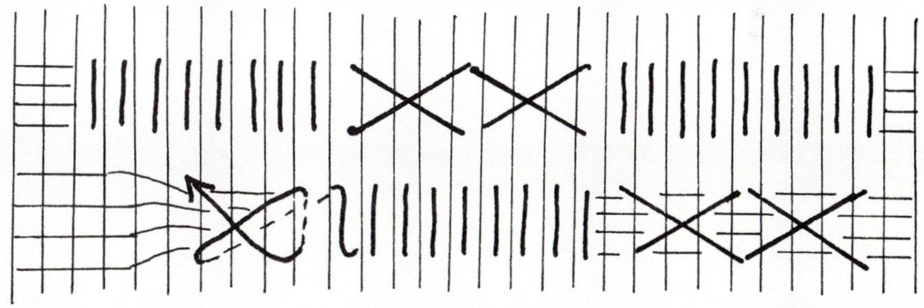

Wickel und Kreuzstich.

Deckchen mit Wickelstichborte

Größe: 42 x 42 cm

Material:

60 x 60 cm grünes Siebleinen,
10 Fäden/cm,
MEZ-Vierfachstickgarn 16.

Und so wird es gemacht:

Den fadengerade abgeschnittenen Stoff mit einem Zickzackstich sichern. Die Stoffmitte und einen 3 cm breiten Saum mit einem farbigen Faden markieren.

An einer Seitenlinie in der Mitte das erste Quadrat sticken. Dabei wird das innere Muster über drei Fäden mit einem Zwischenraum von vier Fäden aufgestickt. Der äußere Wickelstich ist über vier Fäden gestickt. Die innere Mitte des Quadrats mit einem Kreuzstich übersticken.

Den Deckchensaum gegen die äußere Stickkante säumen, dabei an den Ecken Briefecken anbringen.

Die fertige Handarbeit von links feucht bügeln.

Ajourstickerei wirkt besonders edel, wenn Stoff- und Stickgarnfarbe im Farbton gleich sind.

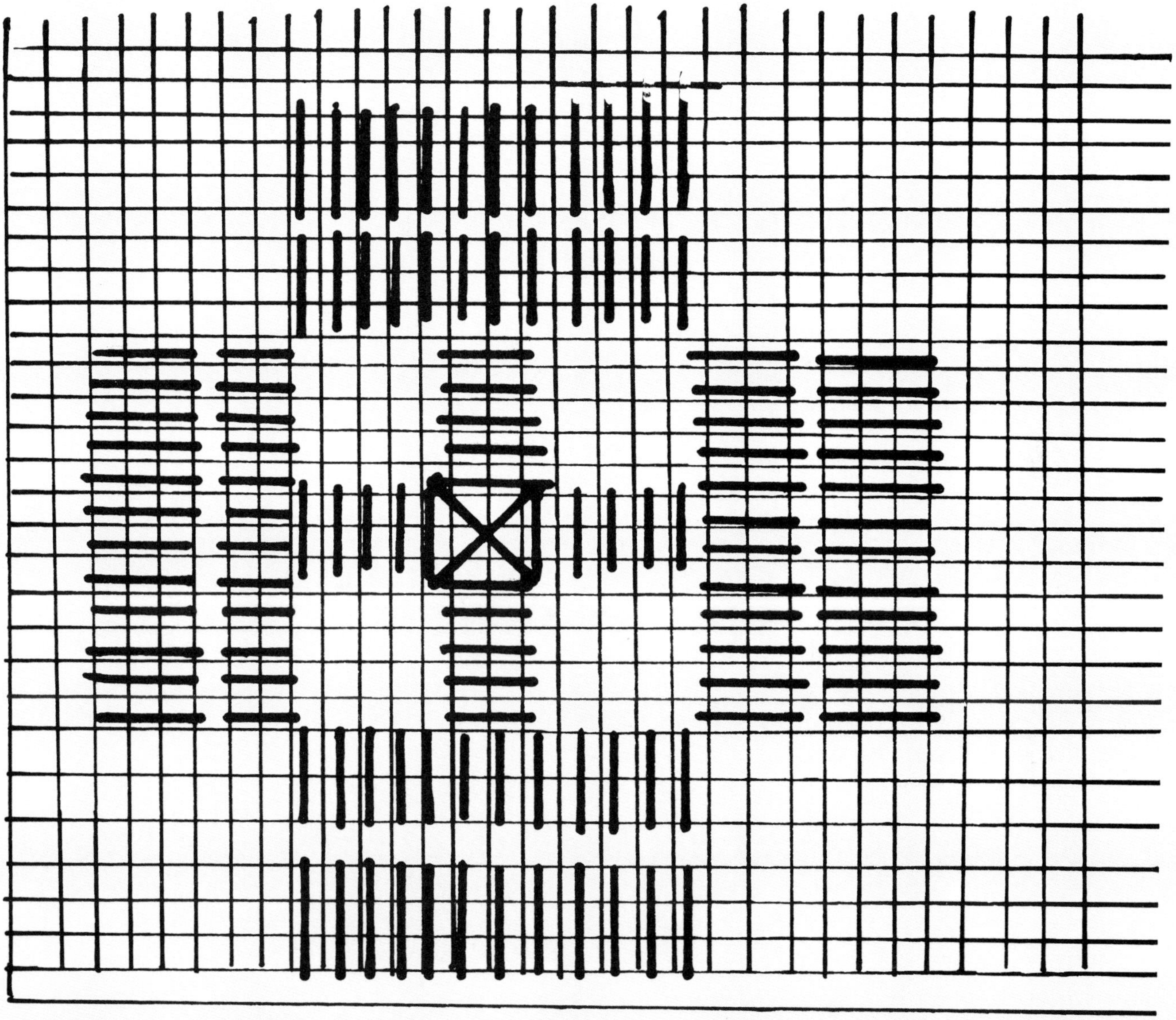

Tischläufer mit hellblauer Ajourstickerei

Größe: 40x72 cm

Material:

55x85 cm Siebleinen,
10 Fäden/cm,
MEZ-Vierfachstickgarn 16 blau.

Und so wird es gemacht:

Den fadengerade abgeschnittenen Stoff mit einem Zickzackstich sichern. Mit einem farbigen Faden die Stoffmitte und die Saumlinien markieren (fertiger Saum 3 cm breit).
Zuerst den äußeren Rand mit drei Kästchenreihen besticken. Danach im Abstand von 20 Fäden die durchgehenden Wickelstichlinien anbringen.
An den Ecken jeweils ein Quadrat aus 13 Kästchen bestehend aufsticken und mit einem Wickelstich über 4 Fäden umranden.
Den Saum gegen die äußere Stickkante säumen, dabei in den Ecken jeweils eine Briefecke anbringen.
Die fertige Handarbeit von links feucht bügeln.

Feines Siebleinen ist das Material für diesen Tischläufer.

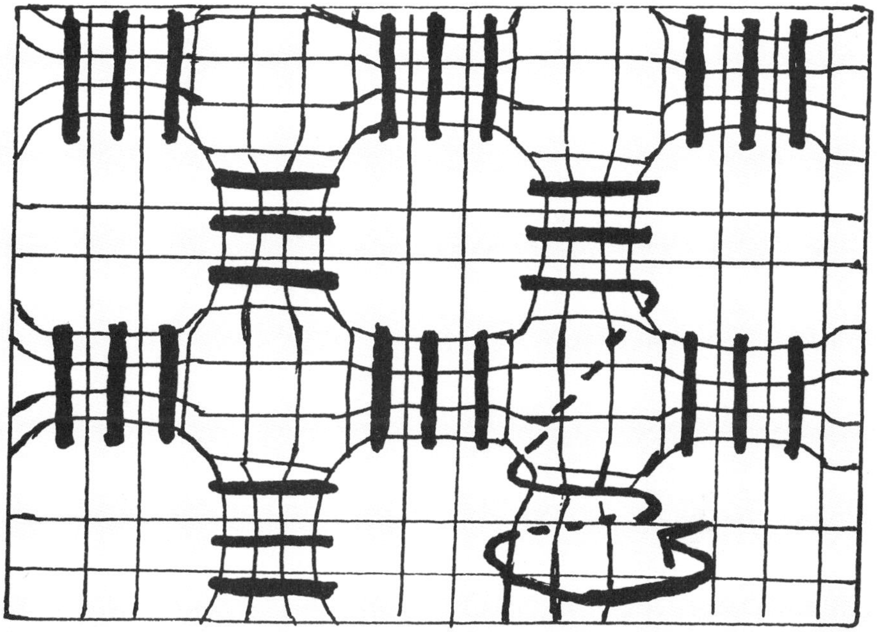

Wickelstich über 4 Fäden.

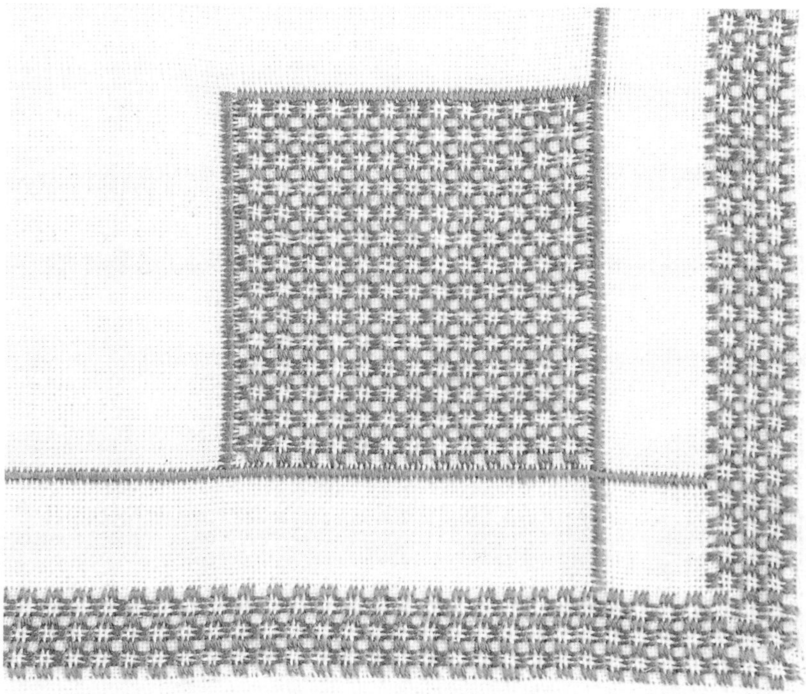

Die Wickelstichborten sind nur über zwei Fäden gestickt.

Tischläufer mit Waffelstich-borten

Größe: 35x60 cm

Material:

50x85 cm hellgrünes Siebleinen,
10 Fäden/cm,
MEZ-Vierfachstickgarn 16.

Und so wird es gemacht:

Den fadengerade abgeschnittenen Stoff mit einem Zickzackstich sichern. Die Stoffmitte der Längsseite mit einem farbigen Faden markieren.
Im Abstand von 16 Fäden von der Mitte aus mit der ersten Reihe oben rechts beginnen.
Der Waffelstich wird hier jeweils über 4 Fäden waagerecht und 4 Fäden senkrecht um 2 Fäden versetzt umstochen. Es sind 7 Reihen übereinander zu arbeiten.
Zur Erleichterung des Abzählens der Gewebefäden wurde bei dieser Decke für die obere und untere Stickreihe jeweils ein Gewebefaden ausgezogen.
Die beiden schmalen Borten bestehen aus 4 Reihen und werden im Abstand von 5 cm zur Mittelborte aufgestickt.
Den Saum des Läufers umlegen und mit Heftstichen befestigen.
Die fertige Handarbeit von links feucht bügeln.

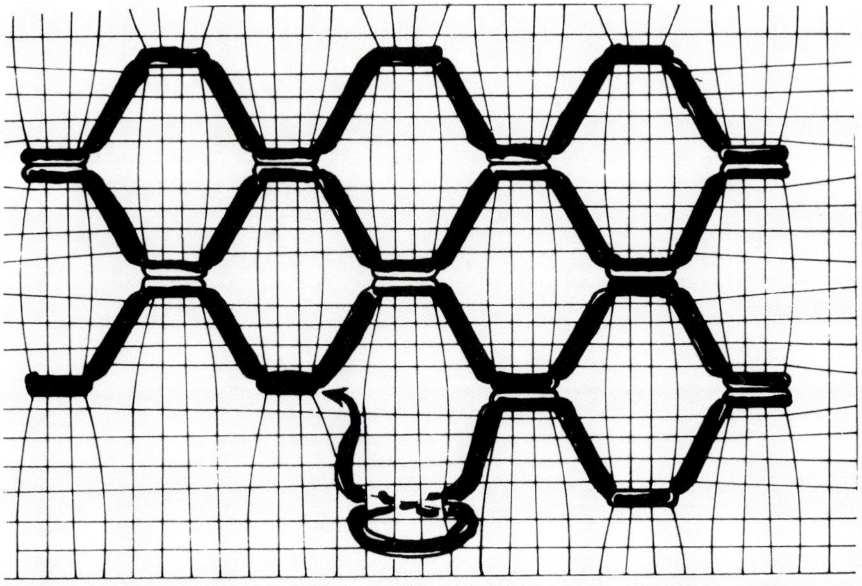

Der Waffelstich besteht aus zwei Reihen Rückstichen, die versetzt untereinander liegen.

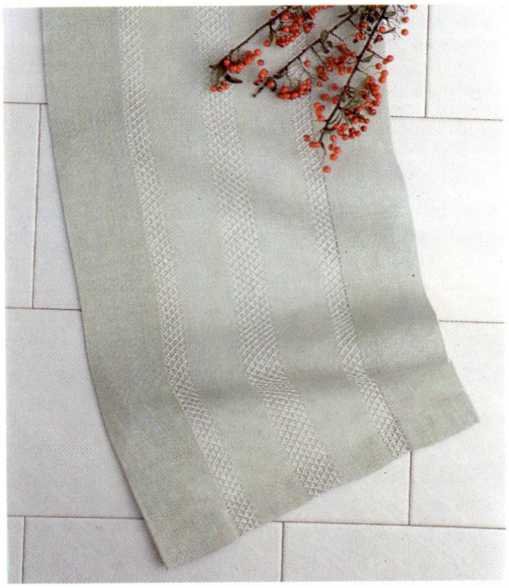

Der Waffelstich ist nicht nur dekorativ, sondern auch schnell zu sticken.

Deckchen mit Zickzackstich

Größe: 42x42 cm

Material:

55x55 cm Siebleinen,
10 Fäden/cm,
MEZ-Vierfachstickgarn 16.

Und so wird es gemacht:

Die Mittel- und Saumlinien mit einem bunten Faden markieren. Die Stickerei in einer Ecke beginnen.
Für ein Dreieck acht Muster auf der Seitenlinie sticken. Mit einem Zwischenabstand von zwei Mustern eine einzelne schräge Reihe sticken.
Rundherum einen 2,5 cm breiten Kästchenhohlsaum oder einen einfachen Hohlsaum anbringen.
Nähere Informationen zum Kästchenstich finden Sie auf S. 122.
Das fertige Deckchen von links feucht bügeln.

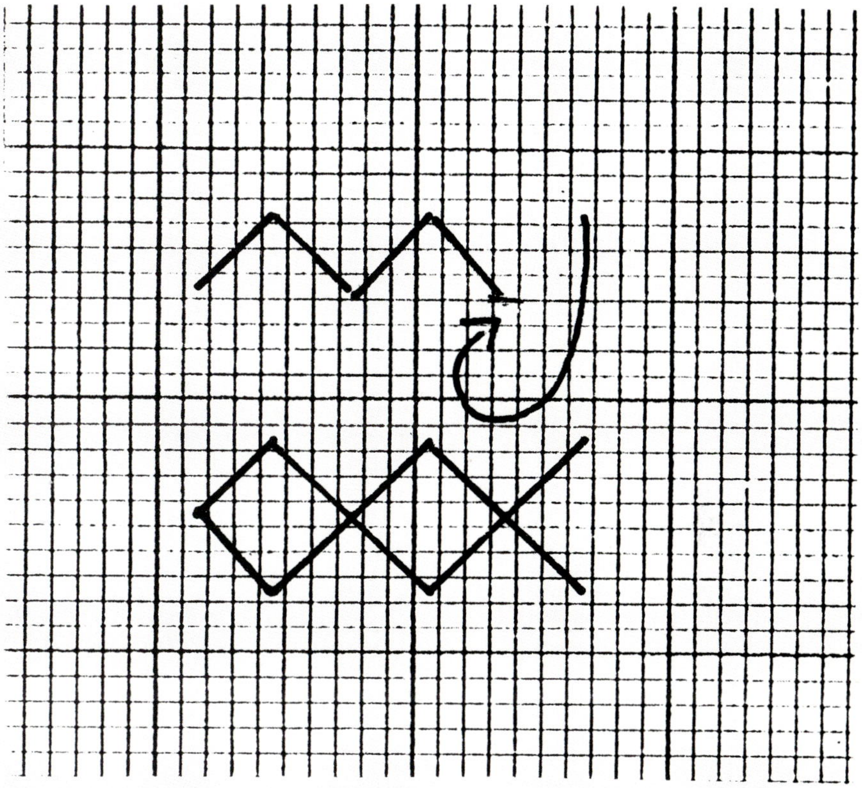

Der Zickzackstich kann auf verschiedene Weise als Flächenfüllstich angewandt werden. Er ist in hin und her gehenden Reihen zu sticken.

Weitere Mustervorschläge für Ihre Leinenstickerei

Auf den folgenden Seiten finden Sie Motive zum Nachsticken. Sie können sie je nach Belieben mit Hilfe eines Kopiergerätes vergrößern oder verkleinern und für die verschiedensten Dinge verwenden.

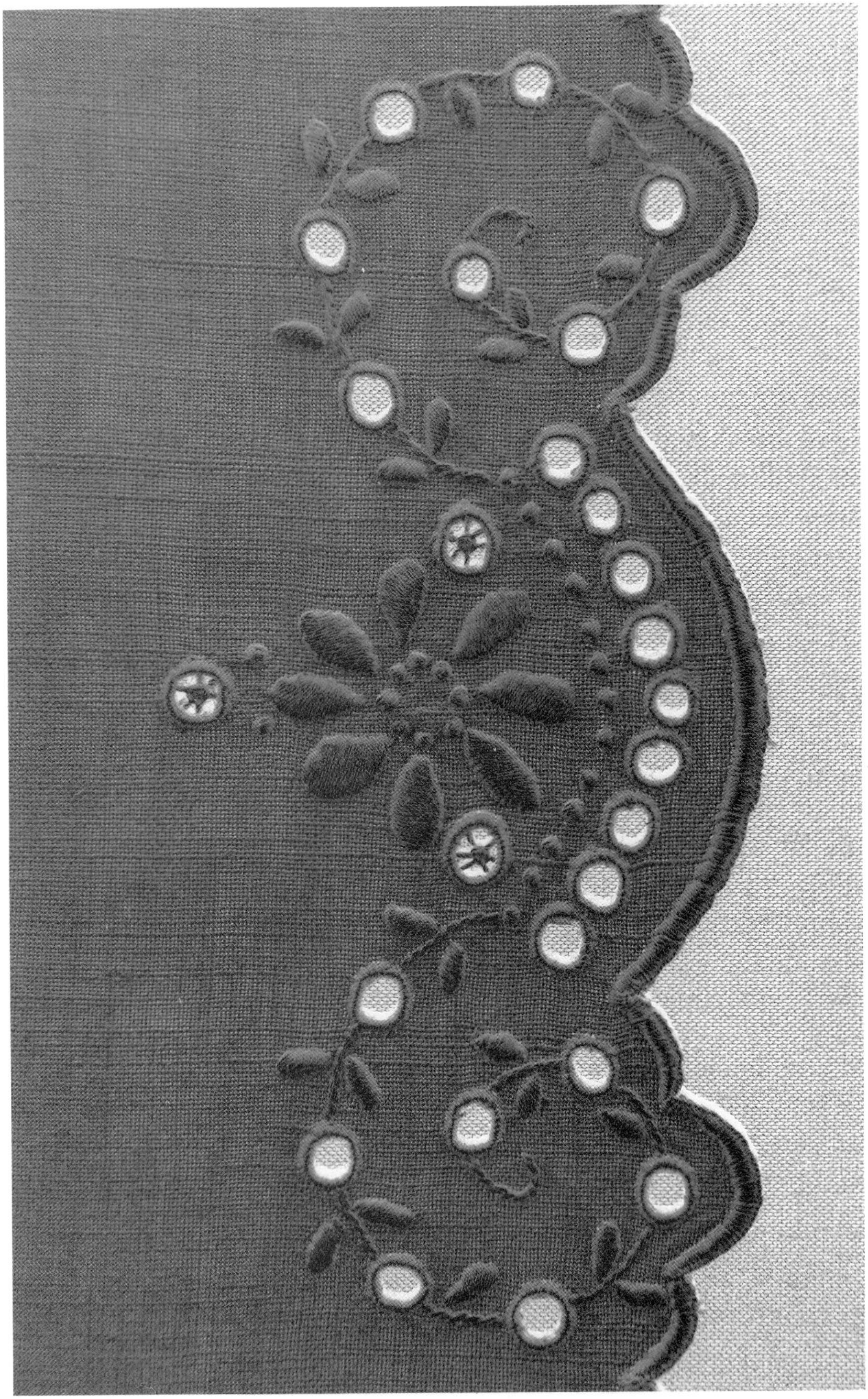

Stielstich 20
Bindloch 20
Plattstich 20
Plattstich 20

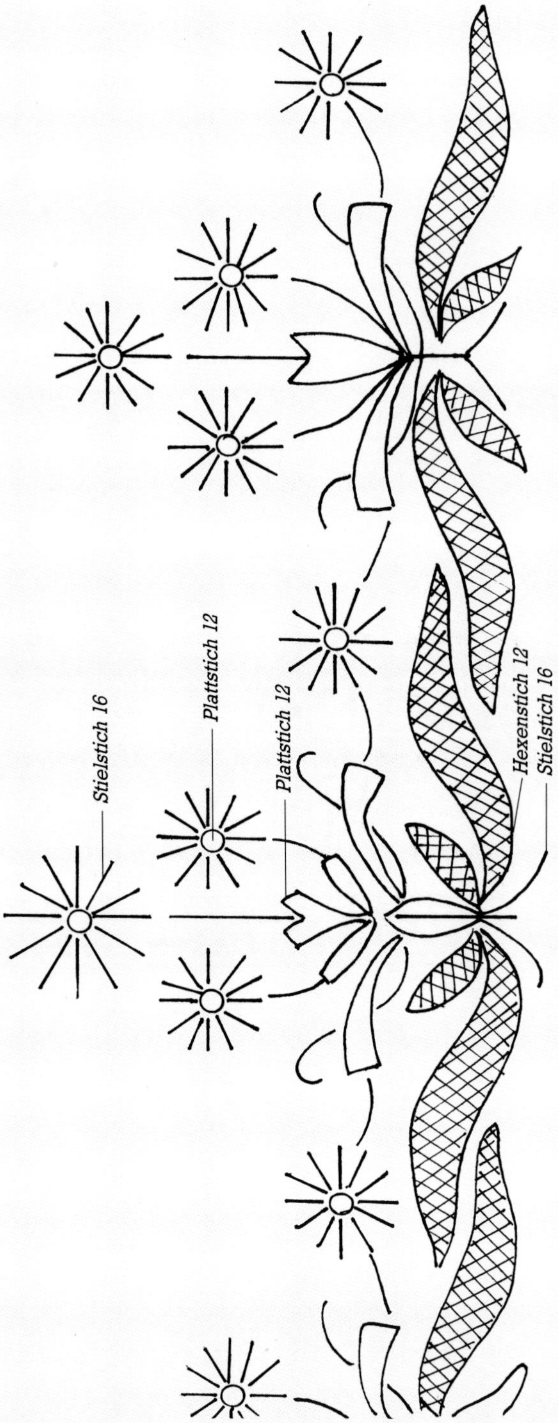
Stielstich 16
Plattstich 12
Plattstich 12
Hexenstich 12
Stielstich 16

Plattstich 12
Bindloch oder Plattstich 12
Stielstich 16
Bindloch 12
Stielstich 16
Makrameestich 12

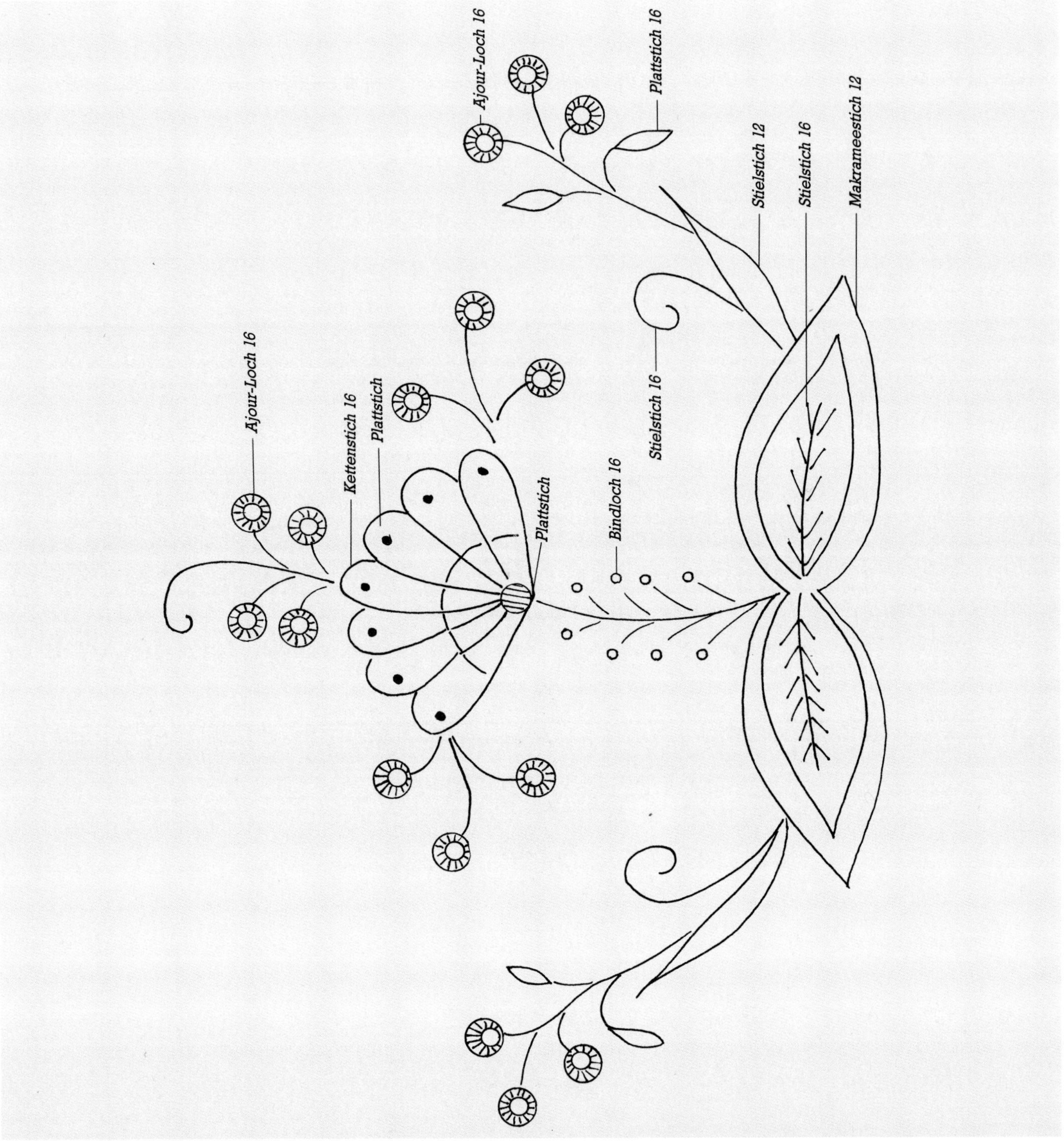
Ajour-Loch 16
Plattstich 16
Stielstich 12
Stielstich 16
Makrameestich 12
Ajour-Loch 16
Kettenstich 16
Plattstich
Plattstich
Bindloch 16
Stielstich 16

Plattstich 12
Stielstich 12
Ajour-Loch 12
Stielstich 12

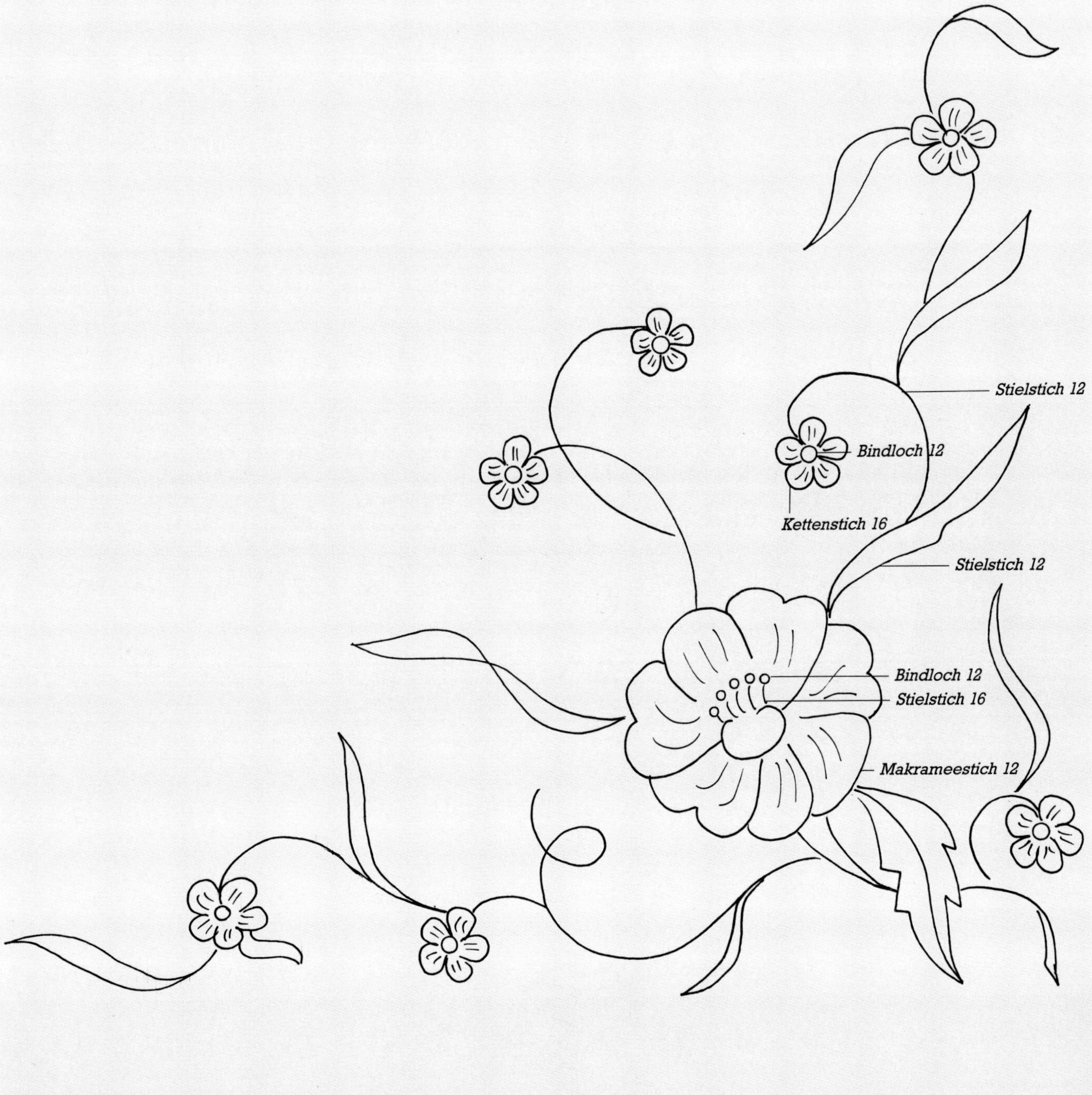
Stielstich 12
Bindloch 12
Kettenstich 16
Stielstich 12
Bindloch 12
Stielstich 16
Makrameestich 12

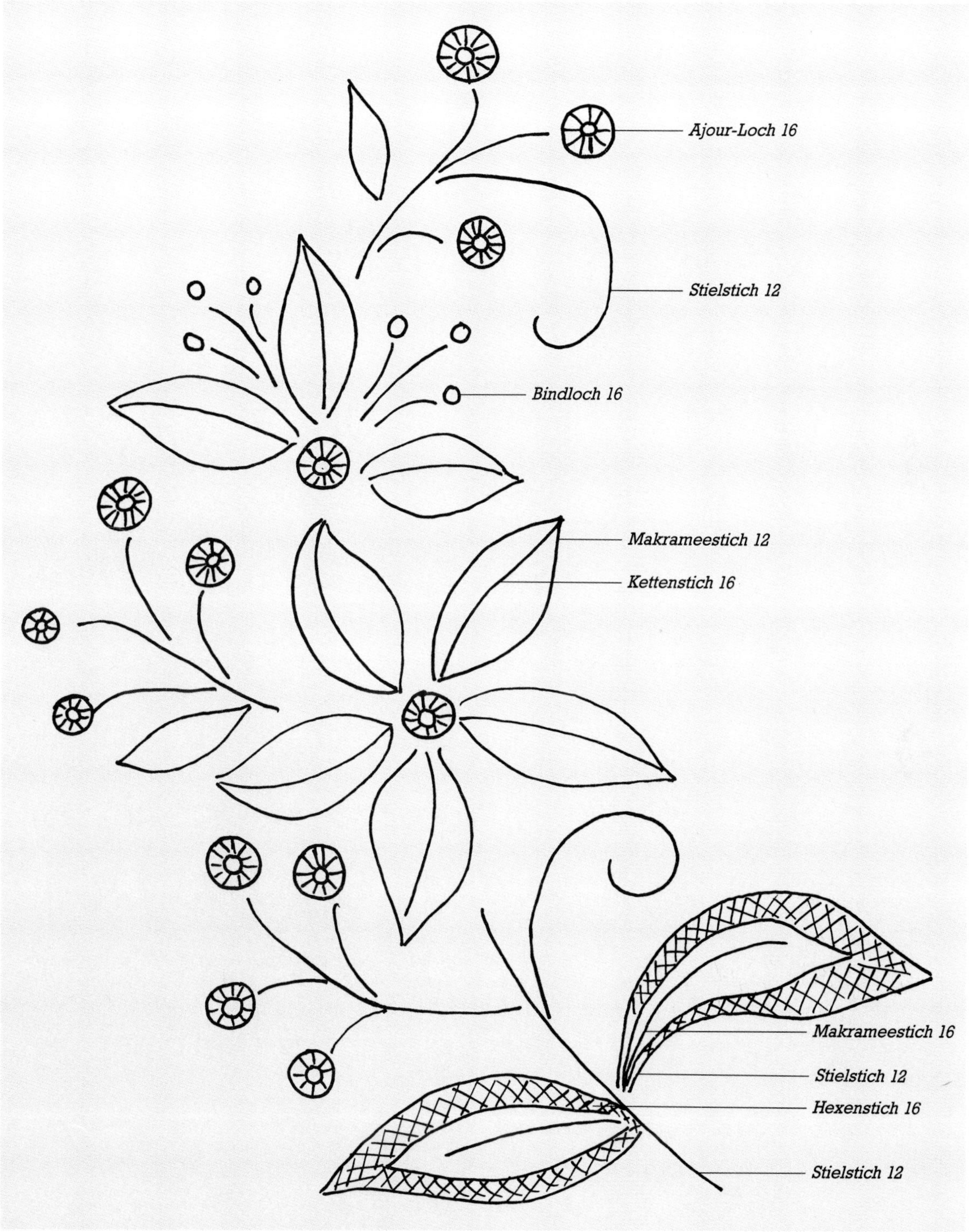
Ajour-Loch 16
Stielstich 12
Bindloch 16
Makrameestich 12
Kettenstich 16
Makrameestich 16
Stielstich 12
Hexenstich 16
Stielstich 12

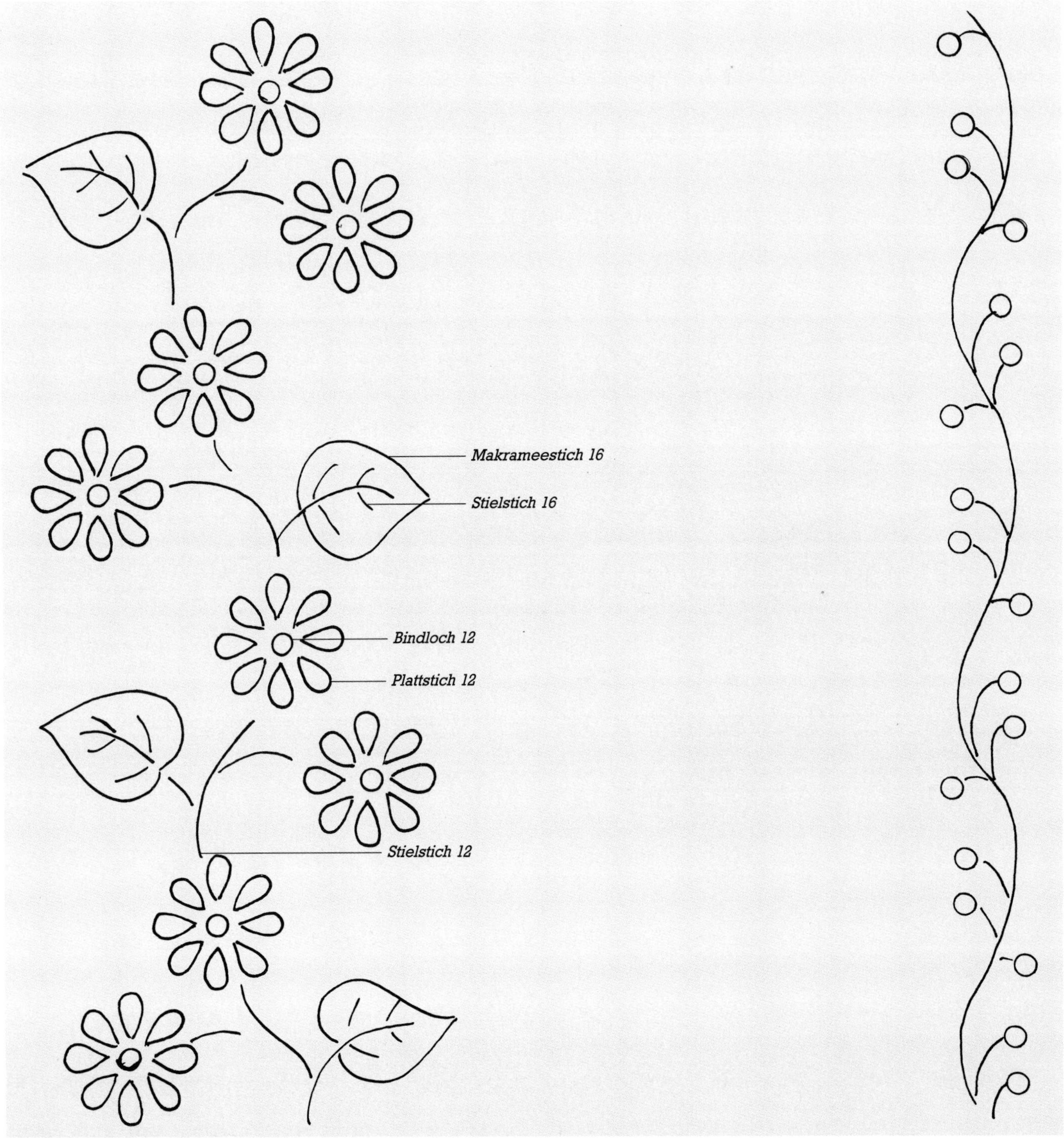
Makrameestich 16
Stielstich 16
Bindloch 12
Plattstich 12
Stielstich 12

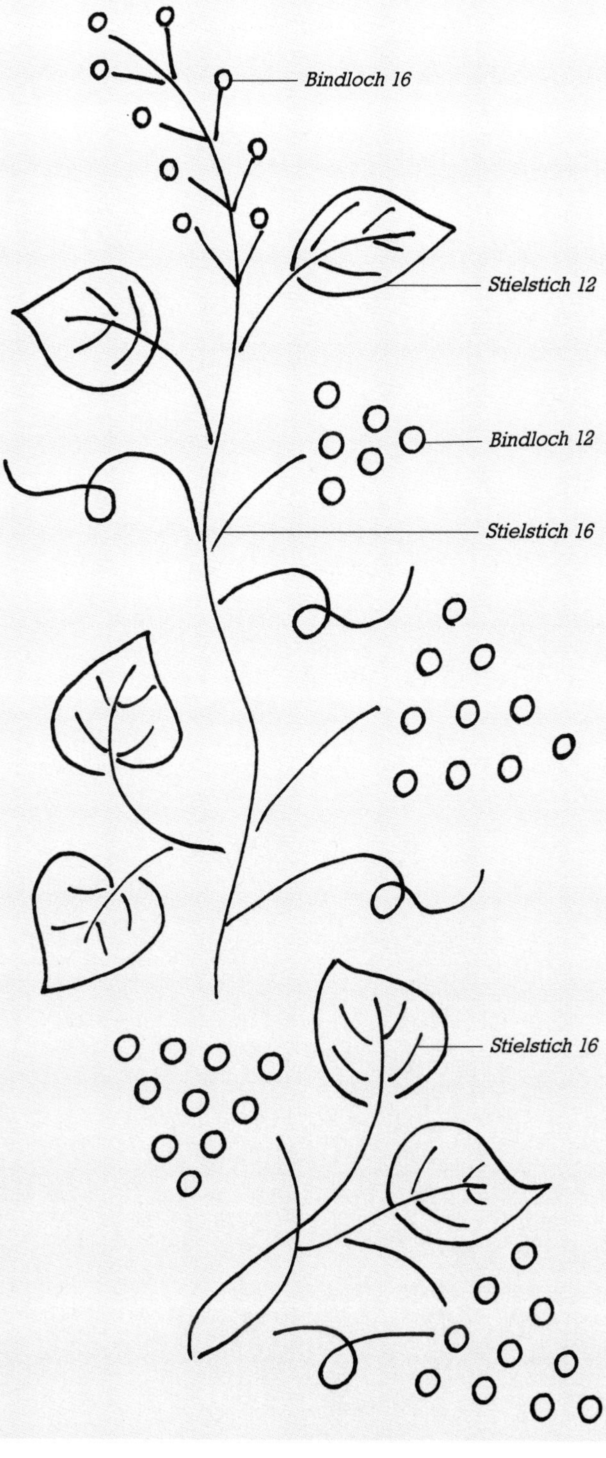
Bindloch 16
Stielstich 12
Bindloch 12
Stielstich 16
Stielstich 16

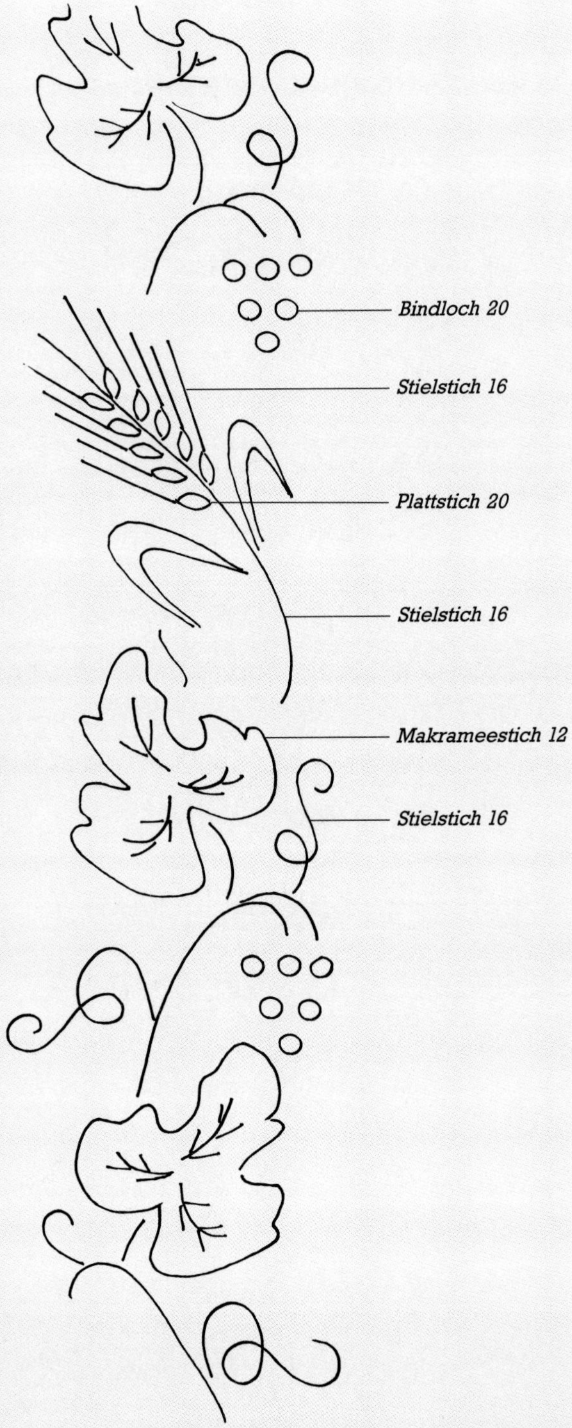
Bindloch 20
Stielstich 16
Plattstich 20
Stielstich 16
Makrameestich 12
Stielstich 16

Stielstich 12
Makrameestich 12
Stielstich 16

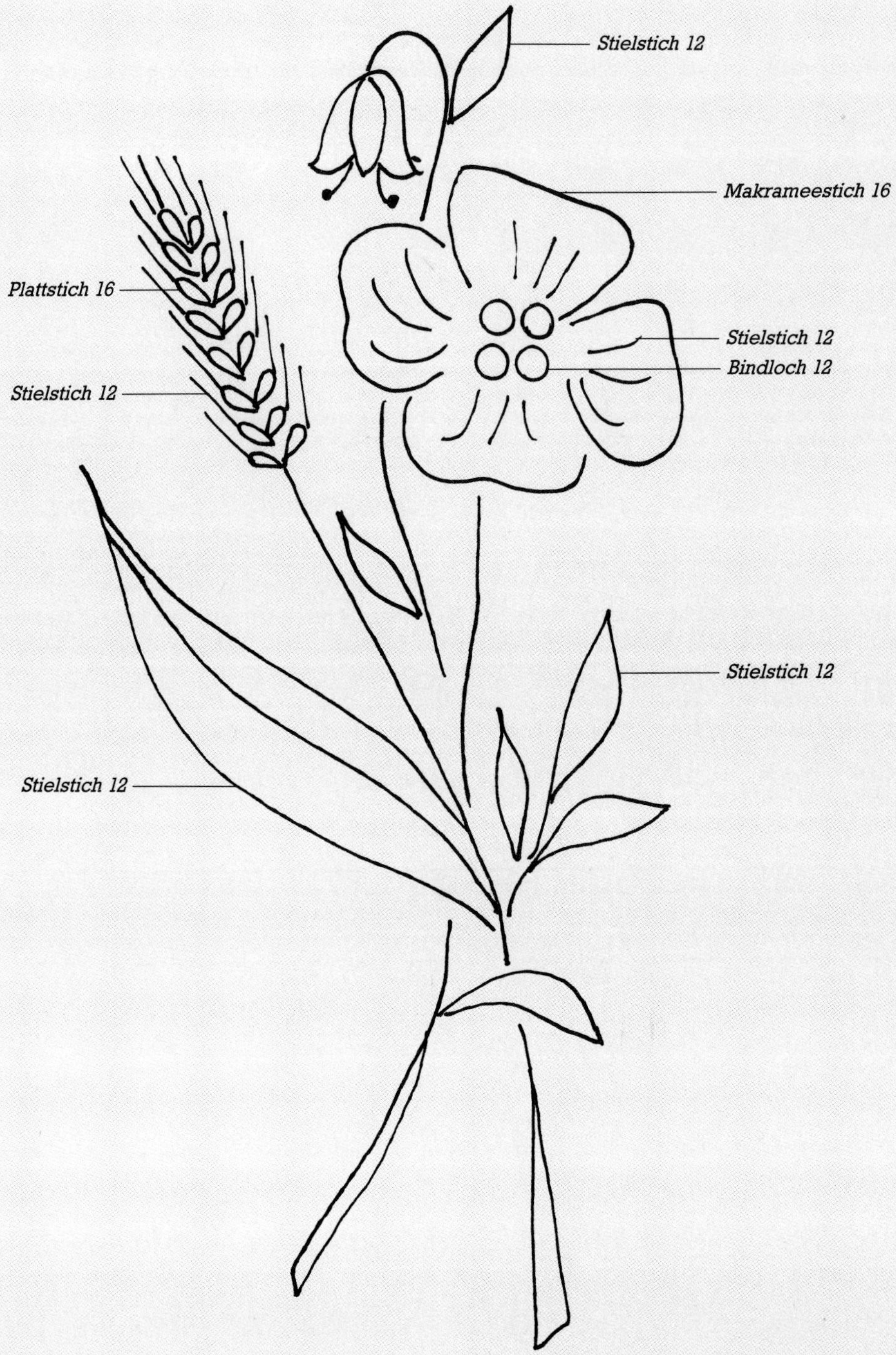
Stielstich 12
Makrameestich 16
Plattstich 16
Stielstich 12
Bindloch 12
Stielstich 12
Stielstich 12
Stielstich 12

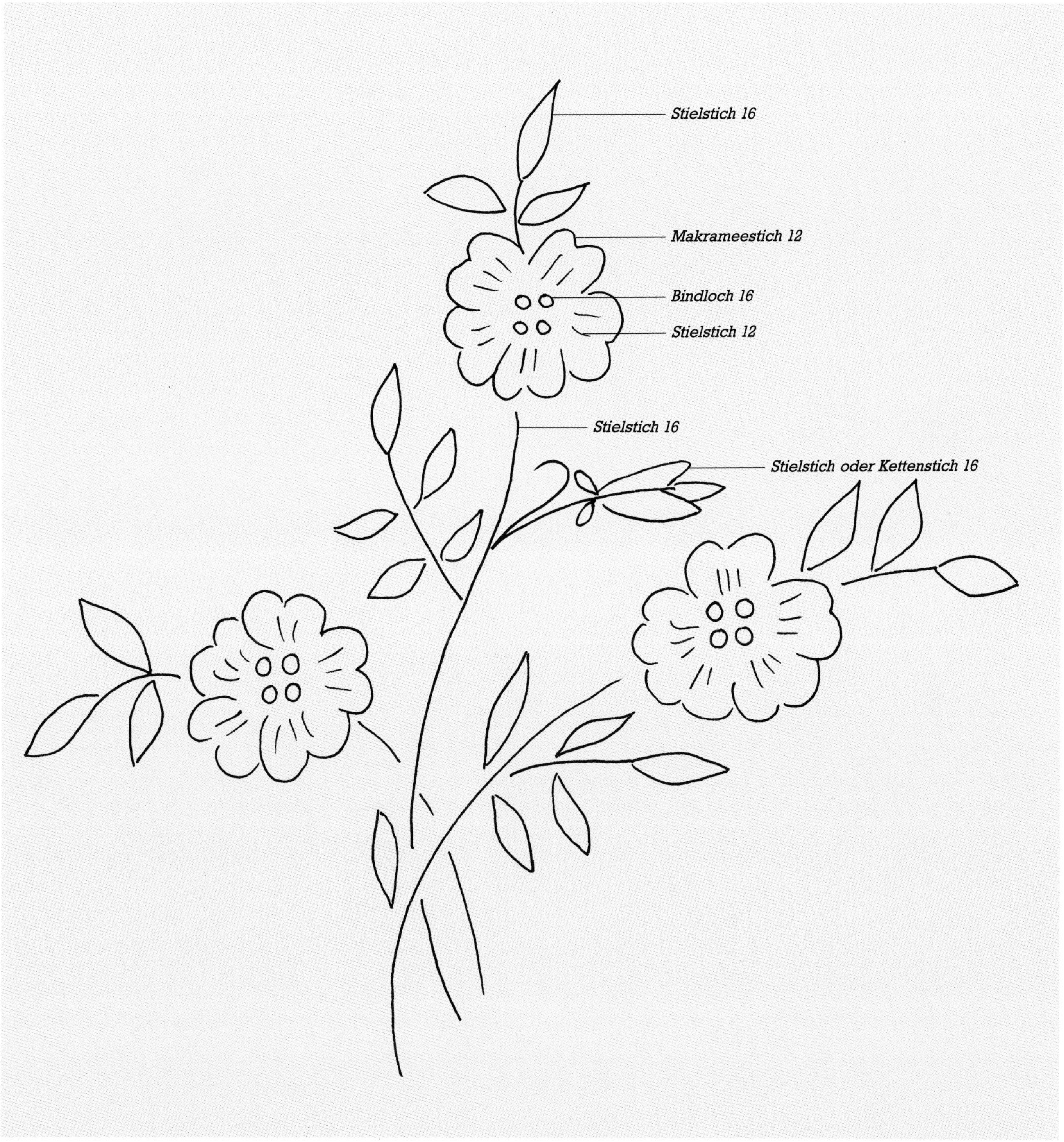
Stielstich 16
Makrameestich 12
Bindloch 16
Stielstich 12
Stielstich 16
Stielstich oder Kettenstich 16

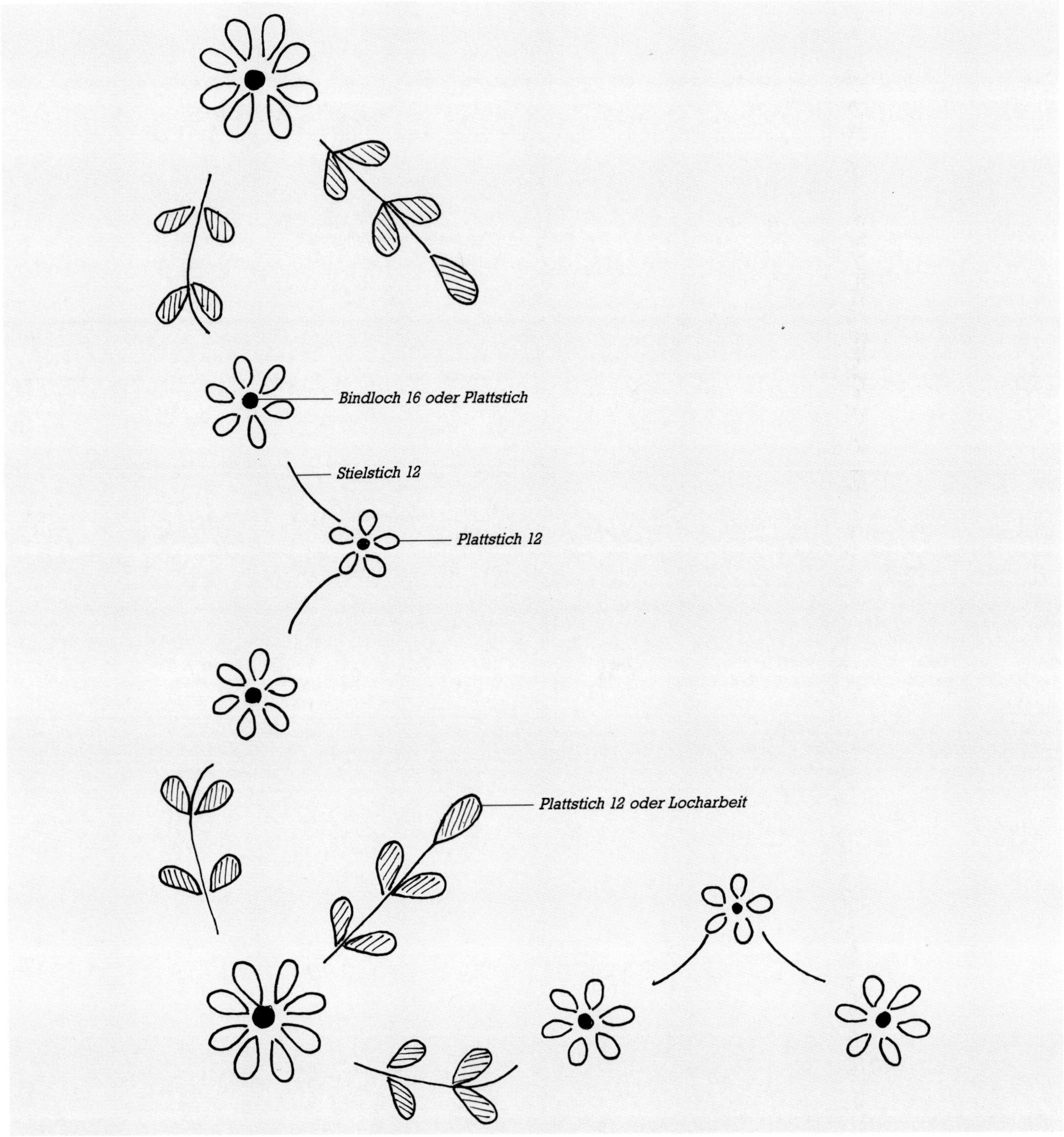
Bindloch 16 oder Plattstich
Stielstich 12
Plattstich 12
Plattstich 12 oder Locharbeit

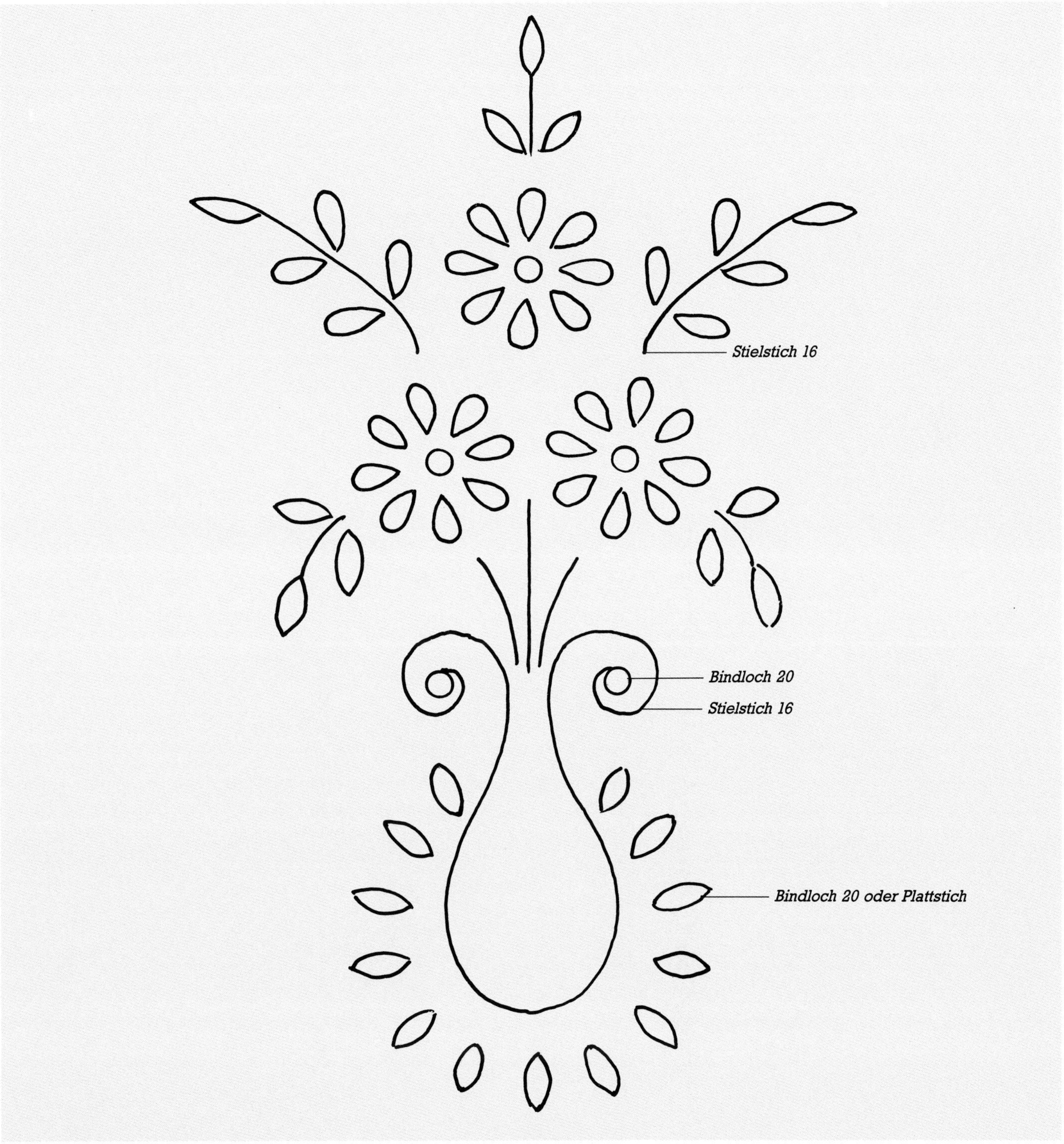
Stielstich 16
Bindloch 20
Stielstich 16
Bindloch 20 oder Plattstich

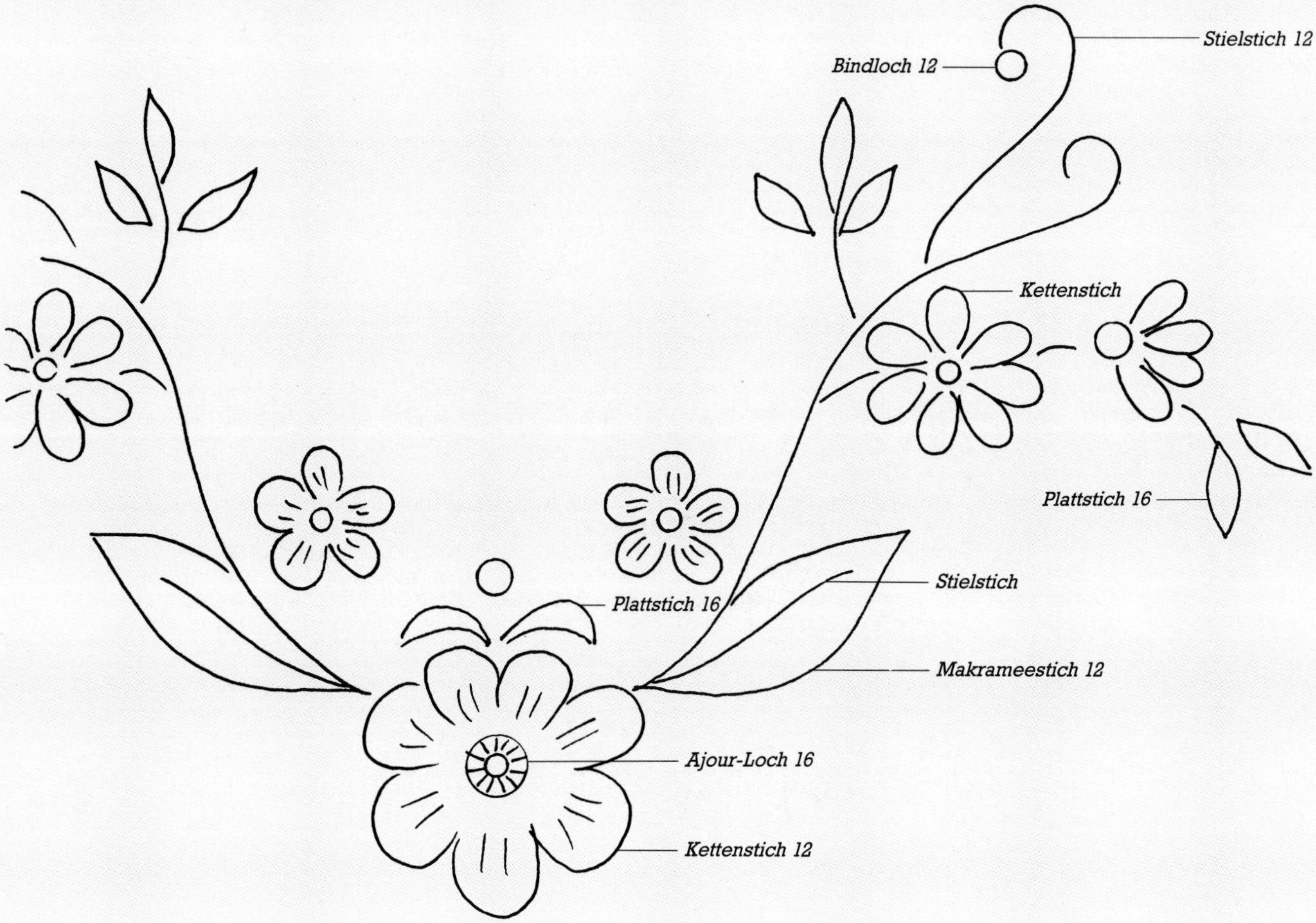
Stielstich 12
Bindloch 12
Kettenstich
Plattstich 16
Stielstich
Plattstich 16
Makrameestich 12
Ajour-Loch 16
Kettenstich 12

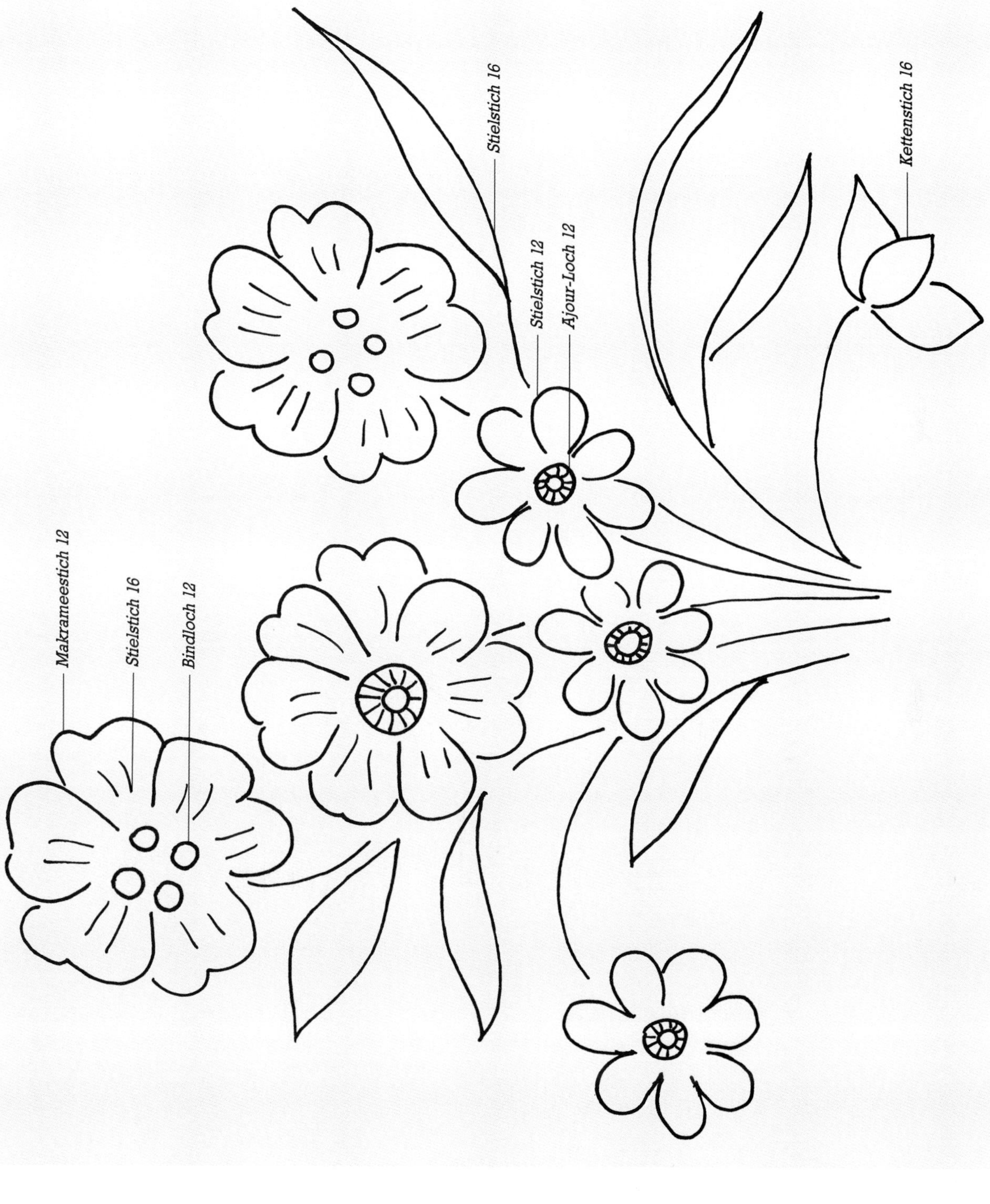
Stielstich 16
Kettenstich 16
Stielstich 12
Ajour-Loch 12
Makrameestich 12
Stielstich 16
Bindloch 12

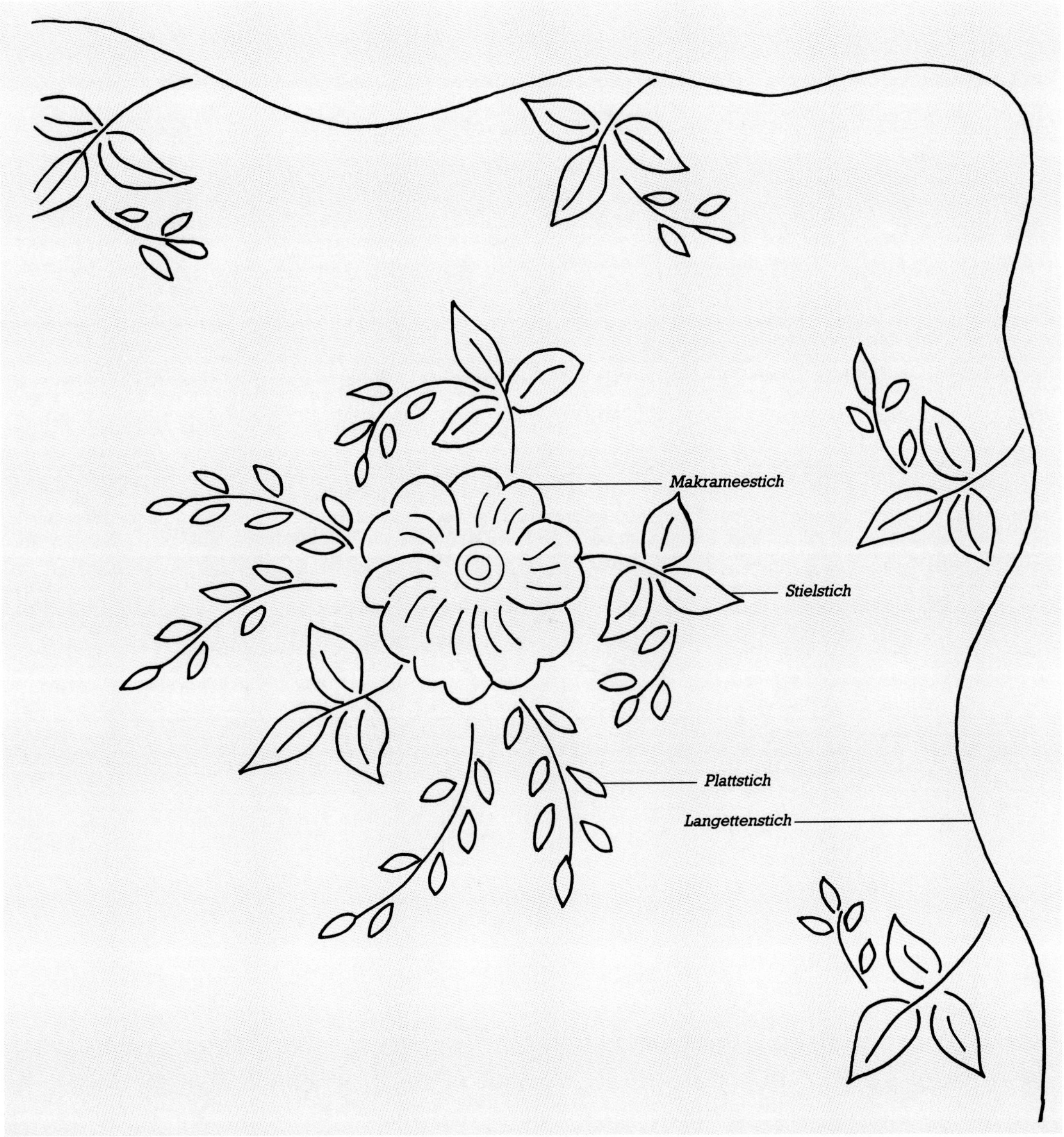
Makrameestich
Stielstich
Plattstich
Langettenstich

Bindloch 20
Plattstich 20
Ajour-Loch
Plattstich 20
Stielstich 20

Bindloch 20
Stielstich 20
Makrameestich 16

Stielstich
Makrameestich
Bindloch

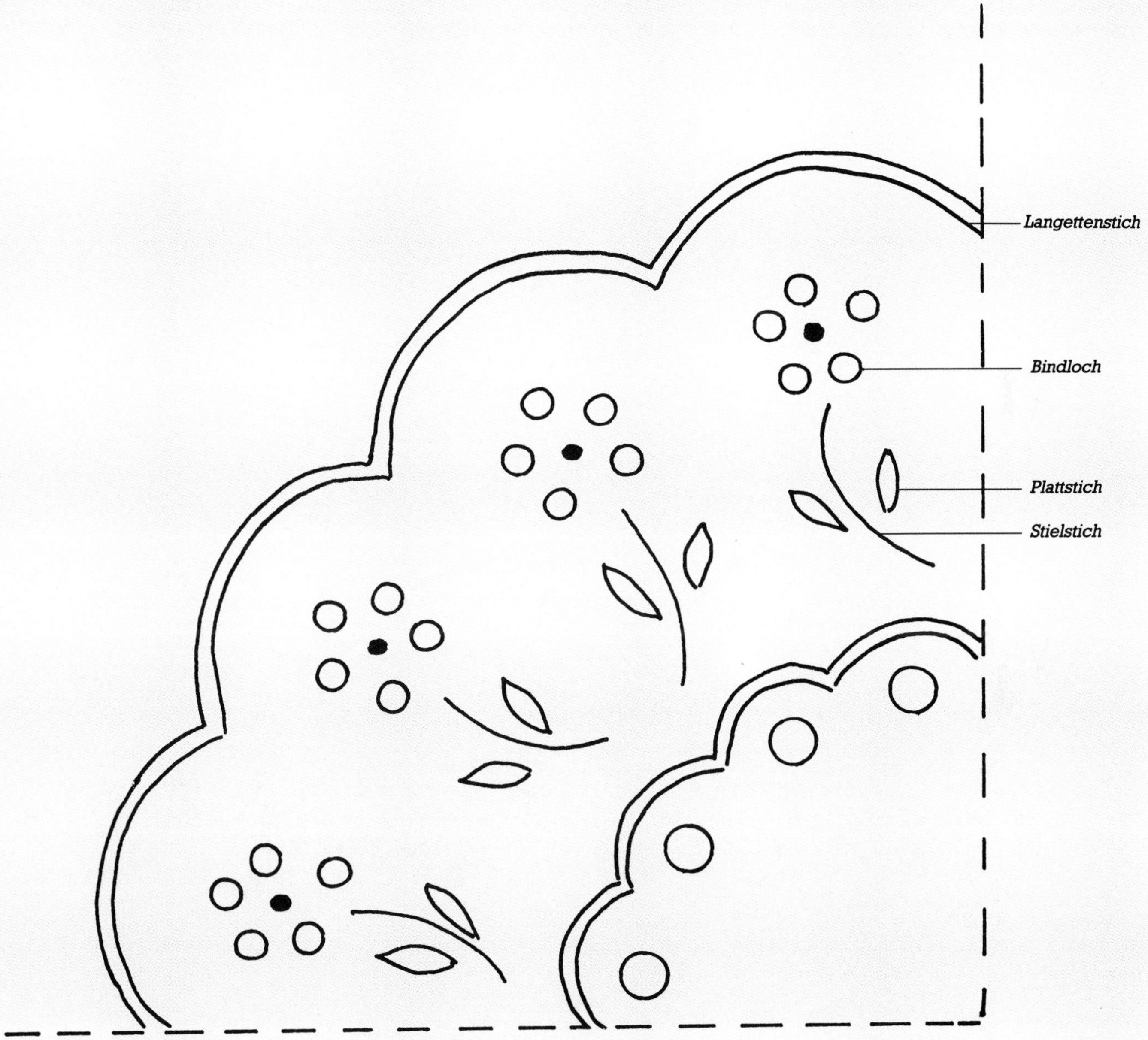

ein Viertel des Musters

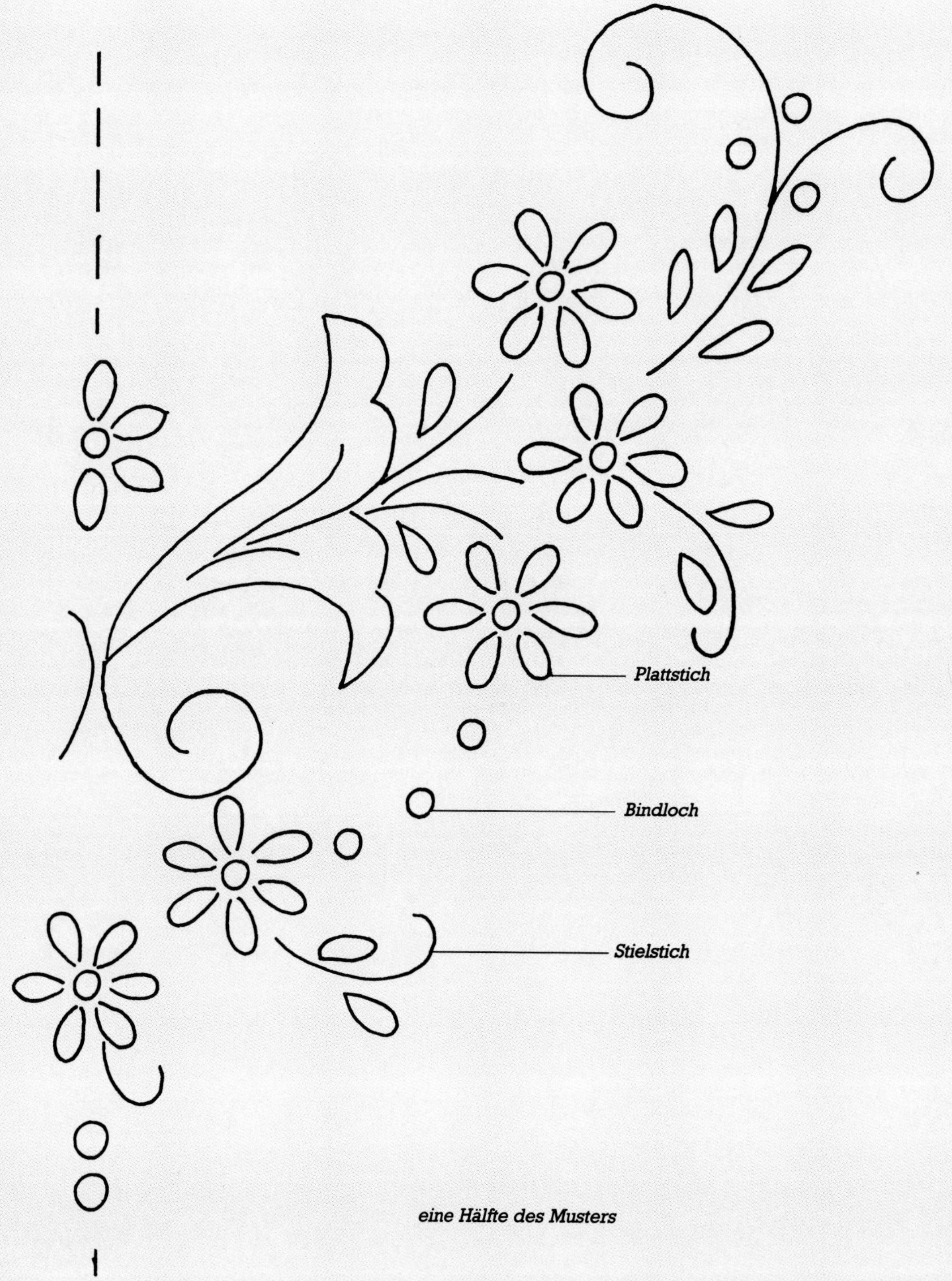

eine Hälfte des Musters

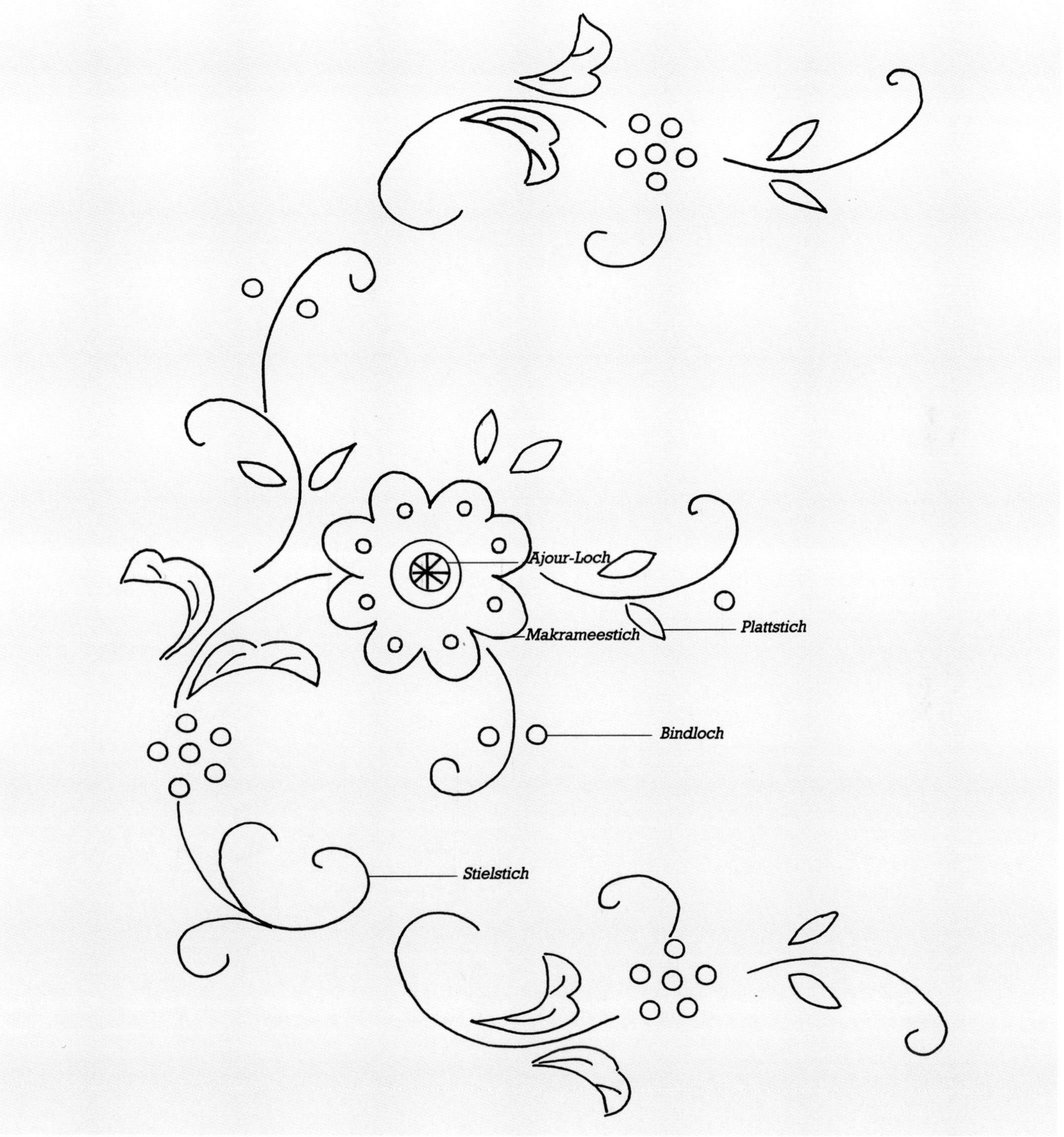
Ajour-Loch
Makrameestich
Plattstich
Bindloch
Stielstich

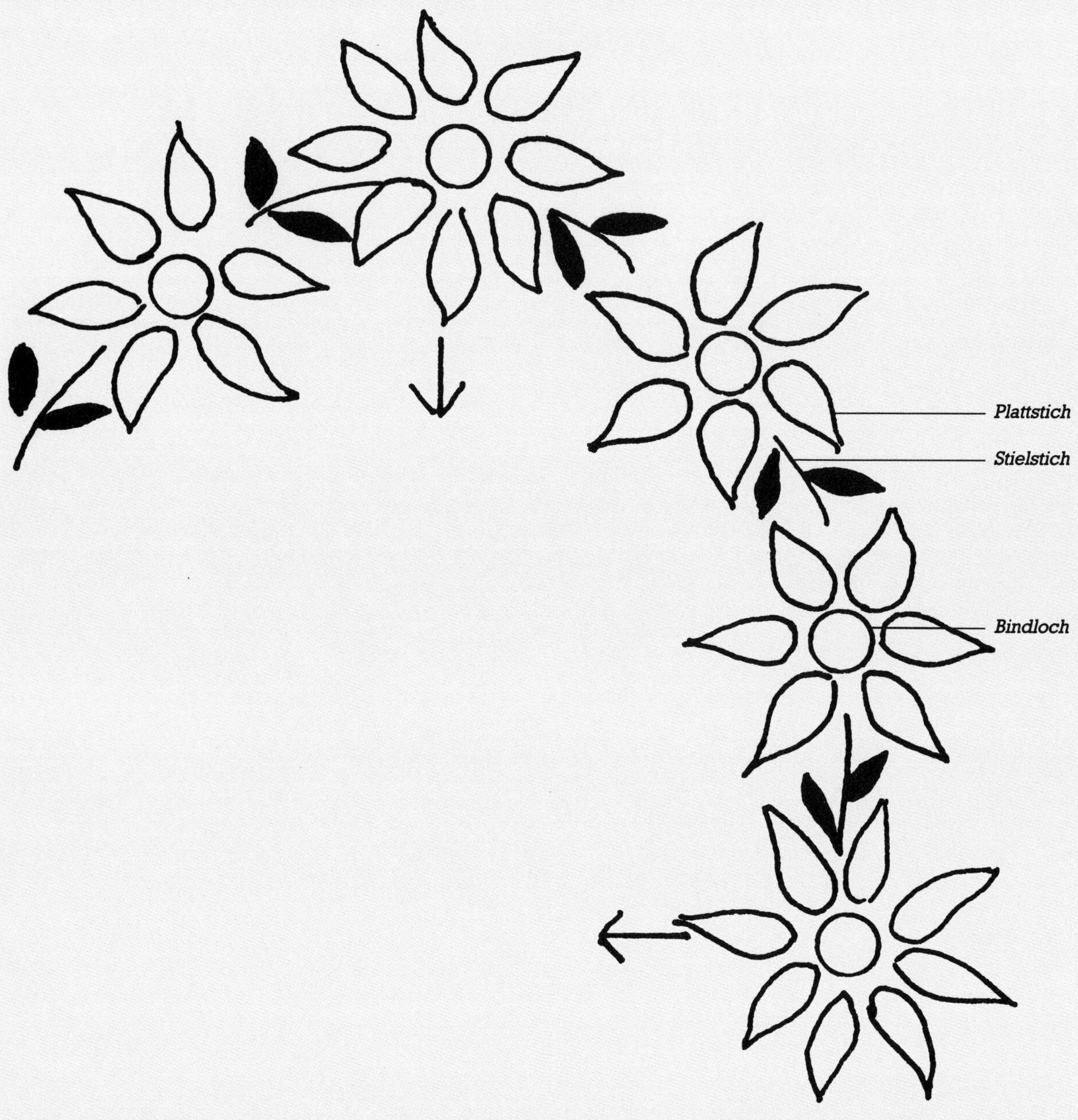
Plattstich
Stielstich
Bindloch

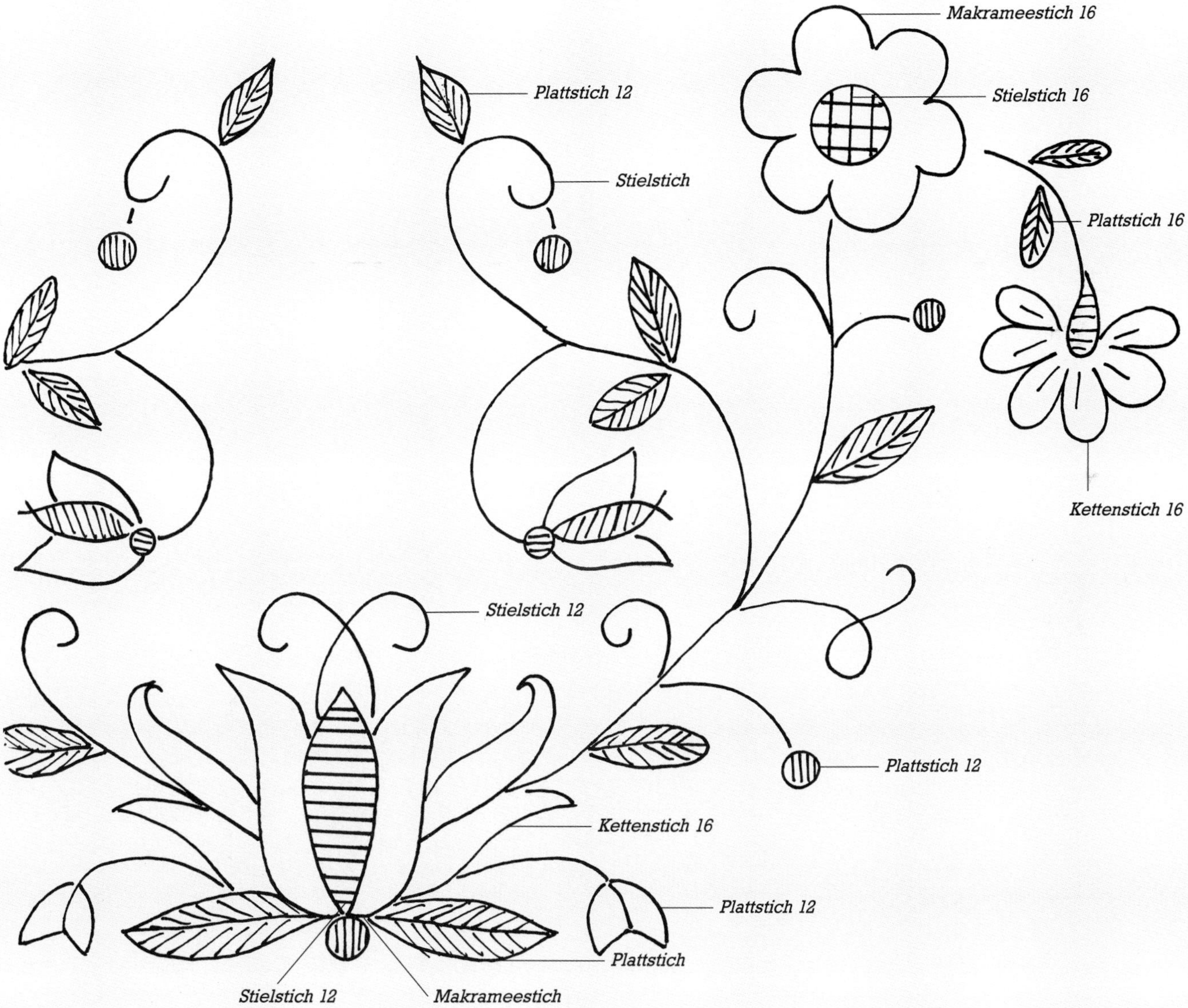
Makrameestich 16
Plattstich 12
Stielstich 16
Stielstich
Plattstich 16
Kettenstich 16
Stielstich 12
Plattstich 12
Kettenstich 16
Plattstich 12
Plattstich
Stielstich 12
Makrameestich

Literatur-verzeichnis

Burda „Freude am Sticken"
Verlag Aenne Burda GmbH & Co.,
Offenburg 1974

Düsing, Karin
„Bäuerliche Weißstickerei"
Ibbenbürener Volkszeitung 1986

Lammer, Jutta
„Das große Ravensburger Lexikon der Handarbeiten"
Ravensburg, 1983

Zwittnig, Katharina
„Alte Volkskunst Sticken"
Leopold Stocker Verlag, Graz, Stuttgart.

Lehrbriefe der Fa. MEZ AG, Freiburg,
mit deren freundlicher Genehmigung.